명화로 만나는 생태

국립생태원 참여 연구원

[생태정보 제공 및 감수]
강동원(동물생태/담수어류)   김영준(야생동물의학/수의사)
윤주덕(동물생태/담수어류)   주종우(동물관리/어류)

[기획위원]
강종현(생태교육)   김경순(복원연구)
김영건(복원연구)   문혜영(미술사)
박상홍(생태전시)   박영준(연구정책)
유연봉(출판기획)   이진원(출판기획)
이태우(생태조사)   차재규(생태평가)

❹ 어류

발행일 2022년 10월 20일 초판 1쇄 발행, 2025년 3월 21일 초판 2쇄 발행

글 김성화·권수진 | 그림 조승연
발행인 이창석 | 책임편집 유연봉 | 명화선정·편집 문혜영
외주진행 공간D&P(편집 임형진 | 디자인 권석연) | 명화정보조사 서현주
발행처 국립생태원 출판부
신고번호 제458-2015-000002호(2015년 7월 17일)
주소 충남 서천군 마서면 금강로 1210 / www.nie.re.kr
문의 041-950-5999 / press@nie.re.kr

ⓒ 김성화, 권수진, 조승연, 국립생태원 National Institute of Ecology, 2022
ISBN 979-11-6698-130-2 74400   979-11-6698-000-8 (세트)

[일러두기]
명화 정보는 작품명, 작가명, 제작 연도, 소장처 순서입니다. 정보가 없을 경우 표시하지 않았습니다.
이 책에 실린 모든 글과 그림을 저작권자의 허락 없이 무단으로 사용하거나
복사하여 배포하는 것은 저작권을 침해하는 것입니다.

⚠ **주의** 다칠 우려가 있습니다. 본 도서를 던지거나 떨어뜨리지 않도록 주의하십시오.
★ 환경 보전을 위해 친환경 용지를 사용하였습니다.

명화로 만나는 생태

❹ 어류

글 김성화·권수진 / 그림 조승연

국립생태원
NIE PRESS

명화로 만나는 물고기 이야기

들어가는 글

미술관으로 와!

팔랑, 책장을 넘기기만 하면 돼.

한 번도 본 적 없는 그림과 물고기들의 이야기가 기다리고 있어. 클레와 라파엘로, 키리코, 마티스, 르누아르, 모네, 반 고흐, 시냐크, 사전트, 터너, 김홍도의 물고기 그림이야!

화가들이 왜 물고기를 그렸을까?

이야기가 숨어 있는 그림, 알쏭달쏭 궁금한 그림, 물고기가 아니라면 한 번도 눈여겨보지 않았을 것 같은 그림도 있어.

얼핏 보면 무슨 그림일까 눈길이 가지 않던 그림도 하나하나 뜯어보면 그림 속에 놀라운 이야기가 있어. 탐정처럼 돋보기를 들이대고 요리조리 뜯어보면 안 보이던 것이 보여. 그냥 그려진 그림은 하나도 없어.

그림들 속에 갖가지 물고기가 나와. 잉어, 금붕어, 숭어, 틸라피아, 청어, 칠성장어, 쏘가리……. 혼자 다니는 물고기, 무리를 지어 다니는 물고기, 바다에 사는 물고기, 민물에 사는 물고기, 갯벌에 사는 물고기…….

물고기를 좋아해?

지구 표면의 4분의 3이 바다이고 육지에도 강과 호수, 연못, 웅덩이에 물이 있어. 거기에 모두 물고기가 살아.

물고기는 신비로운 동물이야. 척추동물 중에 우리와 가장 멀게 느껴지지만, 우리 몸속에 튼튼한 등뼈를 물려준 첫 번째 조상이야.

물고기를 따라 양서류와 파충류, 조류, 포유류의 몸속에 등뼈가 생겨났어.

우리는 물고기를 그냥 '물고기'라고 부르지만 물고기들이 서로 얼마나 다른지 안다면 깜짝 놀랄걸. 뱀장어와 상어는 새와 코끼리만큼이나 다른 동물이야!

물고기 중에 분류학자가 있다면 물고기를 그냥 '어류'라고 뭉뚱그려 말하지 않을 거야! 그럼 물고기가 말할지 몰라. '물속에 산다고 우리가 다 어류라고? 칠성장어와 연어, 망둑어와 가오리가? 그럼 너희는? 육지에 사니까 다 육류라고 불러 주겠어! 개구리, 소, 비둘기, 낙타, 사람을 몽땅 말이야!'

우리는 물고기에 대해 아직 아는 것보다 모르는 게 훨씬 많아.

너는 물고기에 대해 얼마만큼 알아?

민물고기 이름을 10개만 말해 봐!

차례

들어가는 글　/ 4

황금 물고기야, 어디에서 왔어?　〈황금 물고기〉, 파울 클레　/ 8

틸라피아는 입속에서 새끼를 길러　〈네바문의 정원〉　/ 16

물고기는 최초의 척추동물이야　〈넵튠과 암피트리테의 승리〉(부분)　/ 26

바닷물고기와 민물고기는 뭐가 다를까?
〈물고기와 함께 있는 성모 마리아〉, 라파엘로 산치오　/ 34

칠성장어는 턱이 없어　〈장어잡이〉　/ 42

몸이 파랗다고 청어야　〈물고기가 있는 정물〉, 피터르 클라스존　/ 52

물고기가 왜 무리를 지을까?　〈신성한 물고기〉, 조르조 데 키리코　/ 60

잉어는 민물고기의 왕이야　〈문자도〉　/ 68

금붕어는 붕어의 돌연변이야　〈금붕어〉, 앙리 마티스　/ 78

가시로 톡톡 쏜다고 쏘가리야　〈분청사기 철화 연꽃, 물고기 무늬 병〉　/ 86

숭어는 왜 높이 뛰어오를까?　〈천렵도〉, 김득신　/ 94

차례

호수에 어떻게 물고기가 살게 되었을까? 〈가족 초상화〉, 아서 데비스 / 102

강물과 바닷물이 섞이는 곳에 물고기가 모여들어 〈강 풍경〉, 얀 반 호이엔 / 110

강의 상류와 하류에 어떤 물고기가 살까? 〈그르넬의 센강〉, 폴 시냐크 / 118

물고기가 어떻게 숨을 쉴까? 〈생트 마리 드 라 메르 해변의 고기잡이 배〉, 반 고흐 / 126

인류는 언제부터 물고기를 잡았을까? 〈푸르빌의 어망〉, 클로드 모네 / 136

옛날에는 어살로 물고기를 잡았어 〈고기잡이(단원풍속도첩)〉, 김홍도 / 144

가까운 바다에 어떤 물고기가 살까? 〈물고기 바구니를 든 소녀〉, 르누아르 / 152

먼바다 물고기는 헤엄을 잘 쳐
〈생선을 흥정하는 상인이 있는 어선〉, 윌리엄 터너 / 160

망둑어는 헤엄을 못 쳐
〈물고기를 잡으러 가는 여인들〉, 존 싱어 사전트 / 170

찾아보기   / 178
참고 도서   / 180

황금 물고기
파울 클레, 1925년, 함부르크 미술관
Photo GNC, Seoul / © bpk | Hamburger Kunsthalle | Elke Walford

황금 물고기야, 어디에서 왔어?

황금빛 물고기가 수족관에서 헤엄치고 있어. 조그만 물고기들은 황금
물고기를 피해 사방으로 달아나는 중이야!
재빠른 물고기들 뒤로 물결이 일렁일렁~.
물고기에 닿아 수초들도 일렁일렁~.
어디선가 음악 소리마저 들리는 듯해. 하하, 화가가 움직이는 수초와
물결의 리듬을 마치 악보 기호처럼 그려 놓은 덕분이야.
스위스의 화가 파울 클레가 나폴리로 여행을 떠났을 때, 수족관에서
만난 경이로운 물고기들을 떠올리며 그렸다고 해. 어쩌면 물고기가
되었다고 상상하며 그렸을지 몰라.
황금 물고기의 부릅뜬 눈을 봐.
커다란 알사탕 같아!

파울 클레는 어린아이처럼 그림을 그린 화가로 유명해.
색깔이 강렬하고, 선이 단순하고, 보고 있으면 즐거운 그림을 많이
그렸어. 사람들이 클레의 그림을 좋아해서 액자, 공책, 엽서, 컵,
접시에 복제 그림으로 등장해. 너희 집에도 한 점쯤 있을지 몰라.
이 그림의 제목은 〈황금 물고기〉인데 정확히 어떤 물고기인지는 알
수 없어. 화가가 어린아이의 그림처럼 단순하게 그렸기 때문에 어류
박사님들도 이 그림만으로는 어떤 물고기인지 정확히 알 수가 없다는
거야.
똑똑, 그림을 두드리며 물어보고 싶어.

황금 물고기야, 어디에서 왔어?

어쩌면 지중해로 흘러드는 강물이었을지도 모르고, 어쩌면 머나먼
열대의 얕은 바다였을지도 몰라.
물고기로 태어나 물속에서 사는 기분이란 어떤 것일까?
우리는 한평생 공기를 가르며 땅에서 살아. 물고기는 한평생 물살을
가르며 물속에 살고! 우리가 공기 중에 살며 공기를 눈치채지
못하듯이 물고기도 물에 대해 그럴까?

물고기는 살아 있을 때 물 밖으로 나올 일이 거의 없어. 그물과 낚싯바늘에 걸리지 않는 한 말이야.
물속이 물고기의 세계야.
물속에서는 모든 것이 달라. 공기도 중력도 햇빛도!
물의 밀도는 공기보다 800배 높아! 똑같은 공간에 분자 알갱이가 800배 더 많다는 뜻이야. 앞으로 가려면 빽빽한 분자 알갱이를 헤치고 나아가야 해. 공기 속에서 사는 우리가 물속에서 걷거나 헤엄치는 게 어려운 이유야.

물고기는 공기보다 밀도가 800배 높은 물속을 유유히 헤엄쳐 다녀!

물고기는 근육이 단단하고 강해. 아무리 작은 물고기도, 아무리 커다란 물고기도 물을 헤치고 나아가는 데 어려움이 없어. 근육질의 몸통을 물결처럼 움직이며 앞으로 나아가. 헤엄칠 때 지느러미로 방향을 제어해!
물고기는 가슴지느러미로 좌우 균형을 잡아. 등지느러미로 몸을 버티고 앞으로 나가. 꼬리지느러미를 세차게 흔들어 추진력을 얻어. 배지느러미로도 몸의 균형을 잡고, 앞으로 나아가게 해.
뒷지느러미로는 몸이 흔들리는 것을 막아!

물속에서는 중력이 약하게 느껴져.
거대한 물이 받쳐 주기 때문이야.

중력을 거의 모른 채 물속에서 사는 기분은 어떨까?
우주에 다녀온 비행사와 물고기만이 알 거야.
고래는 물고기가 아니고 포유류지만 물속에서 살기 때문에 지구에서
가장 커다란 동물이 될 수 있었어. 지구에서 가장 무거운 고래는
무게가 18만 킬로그램 정도인데, 고래가 그런 몸집으로 땅에
올라온다면 중력 때문에 자기 몸집에 눌려 죽을 거야.

물속은 햇빛도 충분하지 않아.
물속으로 200미터만 내려가도
어두컴컴해.

거기에도 수많은 바다 생물과 물고기가 살고 있어.
수심 1,000미터 아래 심해에도 기이한 물고기들이 살고 있지만, 거의
잡히기 않기 때문에 생김새도 살아가는 방법도 신비에 싸여 있어.
우리는 뱀장어가 어디에서 알을 낳는지 몰라.
뱀장어는 민물에서 살다가 알을 낳으러 깊은 바다로 가는데, 정확히
어디에서 알을 낳는지는 아직도 밝혀지지 않았어. 지구에서 가장
깊은 마리아나 해구 근처라고 추측할 뿐이야.
전 세계 뱀장어 종류가 18종인데, 그중에 한 종류도 아직 알이
발견되지 않았어. 알을 밴 어미 뱀장어도!

네바문의 정원
기원전 1380년경, 영국 박물관

틸라피아는 입속에서 새끼를 길러

이 그림은 아주 오래 되었어!
지금부터 3400년쯤 전, 이집트의 나일강 변 어느 돌무덤에 그려져 있었어. 무덤 속 벽화의 일부분인데 귀퉁이가 잘려 나가고 색도 많이 바랬어. 하지만 무덤에 처음 그려졌을 때는 색깔이 화려하고 훨씬 선명했을 거야.
누구의 무덤이냐고? 이집트의 높은 관리였던 네바문이라는 사람의 무덤이야.
그림의 오른쪽 귀퉁이에는 여신이 등장해. 사후 세계에서 죽은 자를 맞이하며 물과 양식과 그늘을 제공해 주는 여신 누트야. 원래는 여신 앞에 네바문이 그려져 있었는데 떨어져 나가 버렸어. 지금은 깨진 벽화의 일부분만이 남아서 영국 박물관에 전시되어 있어.

고대 이집트 사람들은 죽은 뒤에도 삶이 계속 이어진다고 믿었어.
고인이 내세에서도 현세에서처럼 풍요로운 삶을 이어 가기를 바라며
무덤 속에 네바문의 아름다운 정원을 그려 준 거야.
네바문은 부유한 귀족이었나 봐. 집에 이렇게 거대한 정원이
있었다니.
그런데 그림이 조금 이상해. 연못은 똑바로 위에서 본 광경인데
물속 오리와 물고기는 옆에서 본 것 같고, 아래 위쪽 나무들은
정면에서 본 모습이야. 어라? 연못 왼쪽의 나무들은 옆으로 누웠네!
화가의 눈에 정원이 어떻게 이렇게 보일 수 있담. 하하, 고대 이집트
화가들이 그림을 너무 못 그리는 거 아니야?
그게 아니야. 이집트 화가는 정원이 어떻게 생겼는지, 정원에 진짜로
무엇 무엇이 있는지 정확하게 알려 주려고 그림을 그렸어. 어떤 것은
위에서 보아야 잘 보이고, 어떤 것은 옆에서 보아야 잘 보이고, 어떤
것은 앞에서 보아야 제대로 보이잖아? 나무에 가려 오리가 보이지
않으면 어떡해? 물고기가 보이지 않으면 어떡해?
고대 이집트 화가의 그림은 책과 비슷해. 보는 게 아니라 읽어야
한다니까!
하지만 우리 이야기의 주인공은 이집트의 화가도, 네바문도, 네바문의
정원도 아니고 바로 바로 물고기야. 3400년쯤 전 이집트의 어느
부유한 관리의 정원 연못에서 헤엄치던!

연못 속에 3400년쯤 전
이집트 물고기들이 헤엄치고 있어.
무슨 물고기일까?

연못 속에 커다란 물고기들이 이쪽저쪽으로 헤엄치고 있어. 연못 위에서 보면 물고기가 헤엄치는 모습이 이렇게 보일 리 없는데도, 화가는 마치 물속에 들어가 바로 옆에서 보는 것처럼 물고기들의 모습을 정확하게 그려 놓았어. 덕분에 물고기의 이름을 정확하게 알 수 있는데, 바로 바로 틸라피아야!
이름이 정말 예쁘지?
틸라피아는 민물고기야. 아프리카와 이스라엘, 나일 삼각주의 따뜻한 민물에 사는데, 강물이 바다로 흘러드는 해변가의 물에서도 살아.

틸라피아는 염분이 있는 물에서도 살고 더러운 물에서도 잘 사는 신기한 물고기야.

틸라피아는 몸집이 큰데, 그에 비해 입이 작고 뾰족해. 다 자라면 50센티미터까지 자라.
네바문의 정원 연못 속의 물고기도 커다란 녀석들이었음에 틀림없어. 화가가 연못 속의 물고기들을 거의 오리와 거위만 하게 그려 놓았잖아?

틸라피아는 입속에서 새끼를 길러

틸라피아는 번식력이 아주 강해. 알에서 부화해 4~6개월이면 다 자라서 알을 낳아. 한 번에 100개에서 2,000개의 알을 낳아. 물고기는 알을 많이 낳는데, 아무리 알을 많이 낳아도 어른으로 자랄 확률이 너무 적어. 알이 물살에 떠내려가고, 작은 물고기들이 먹어 버려. 무사히 알에서 깨어나도 치어들이 물고기들에게 잡아먹혀.

틸라피아는 알을 지키는 특별한 비결이 있어. 어미가 입속에 알을 품고, 알이 부화하면 새끼들을 입속에서 키워!

틸라피아 어미는 알을 입에 넣고 무리를 떠나 혼자 지내며 알을 부화시켜. 알이 부화할 때까지 아무것도 먹지 않아.
알이 깨어난 뒤에도 12일 동안 입속에 넣고 키워. 새끼들을 물속에 풀어놓은 뒤에도 재빠르게 헤엄칠 수 있을 때까지 공동생활을 하며 새끼들을 곁에서 지켜.

적들이 위협해 오면
새끼들이 어미의 입속으로
재빨리 도망가.

틸라피아는 원래 머나먼 아프리카의 따뜻한 물에서 사는 열대어인데,
얼마 전 우리나라의 경기도 화성, 평택의 황구지천과 낙동강에서도
발견되었어.
어떻게 된 거야?
1955년 우리나라에 처음 양식용으로 들여와 전국의 양식장으로
옮겨졌는데 양식장을 탈출한 녀석들이 살아남은 거야!
그럴 리가. 학자들도 깜짝 놀랐어.

틸라피아는 17~35도의 따뜻한 물에 살기 때문에 수온이 10도 아래로 내려가면 죽어.

학자들은 틸라피아가 양식장을 탈출해도 우리나라의 겨울을 나지 못할
거라고 생각했어. 그런데 공장 주변의 하천에서 틸라피아가 발견된
거야. 공장에서 사용한 따뜻한 물이 1년 내내 흘러나왔기 때문이야.
틸라피아는 물풀과 작은 물속 생물을 아무 것이나 먹는 잡식성이야.
키우기 쉽고 번식을 잘하고 물고기 맛이 좋은 데다 영양도 풍부해서
세계의 여러 나라에서 틸라피아를 들여와 양식하는데, 양식장에서
탈출하면 자연에서 문제를 일으킬 수 있어.

토종 물고기를 몰아내고 생태계 질서를 어지럽힐지도 몰라.
틸라피아는 세계자연보전연맹에서 뽑은 최악의 외래종 100종에
선정되었어. 우리나라에서는 아직 토종 물고기를 몰아냈다는 보고는
없지만, 왕성한 번식력으로 우리나라의 수온에 적응해서 언제
위협적인 외래종으로 변할지 몰라.
불명예스럽게도 틸라피아는 우리나라에서는 '역돔'이라는 이름을
얻었어. 틸라피아는 우리나라의 감성돔과 아주 비슷하게 생겼는데,
상인들이 시장과 식당에서 틸라피아를 비싼 '감성돔'으로 속여서
팔기도 하기 때문이야.

넵튠과 암피트리테의 승리(부분)
기원전 300~325년, 루브르 박물관

물고기는 최초의 척추동물이야

이 그림의 제목은 〈넵튠과 암피트리테의 승리〉야.
무엇에 승리했다는 말일까?
하하, 바다의 신 넵튠과 바다의 요정 암피트리테가 결혼에
승리했다는 말이야. 로마 신들의 이야기야.
넵튠은 바다와 강, 호수, 샘물을 다스리는 물의 신이야. 넵튠이
바다의 요정 암피트리테를 사랑했는데, 저런! 암피트리테가 넵튠의
청혼을 거절하고 숨어 버렸어. 넵튠은 바다의 모든 동물에게
명령해서 암피트리테를 찾아내도록 했어. 마침내 돌고래가
암피트리테가 있는 곳을 찾아내 둘을 맺어 주었다는 이야기야.
넵튠과 암피트리테의 결혼을 축하하며 큐피드와 요정들이 바다에서
축제를 벌이고 있어.

하지만 이 그림 속에는 넵튠도 암피트리테도 보이지 않네.
어떻게 된 거냐고?
이 그림은 〈넵튠과 암피트리테의 승리〉라는 거대한 모자이크의
일부분이야. 넵튠과 암피트리테는 이 그림보다 더 위쪽에 해마가
모는 전차를 타고 있어.
〈넵튠과 암피트리테의 승리〉는 돌로 된 그림이야. 2300년쯤 전 로마
시대에 만들어졌어. 여러 가지 색깔의 자갈과 대리석, 유리와 도자기
조각을 모르타르로 조금씩 붙여 가며 모자이크를 만들었어. 돌로 된
그림이라니 믿을 수 없을 정도야.
그림을 봐. 큐피드들이 돛을 단 배에 타고 물고기를 잡고 있어.
오른쪽에 있는 큐피드가 잡아 올린 물고기에는 삼지창이 박혀 있고
물고기가 피를 흘려. 무슨 물고기일까?
바다의 신 넵튠의 혼인 잔치답게 여러 가지 바다 생물도 함께 그려져
있어. 오징어와 문어와 고래와 여러 가지 물고기가 보여. 이탈리아
지중해 바다에서 볼 수 있었던 바다 생물과 물고기들이야.
지중해에는 산란을 하려고 고등어와 대구, 참다랑어가 모여들었어.
거대한 참다랑어 무리가 지중해 해안으로 헤엄쳐 와 어부들이 작은
배로도 포획할 수 있었어.
참다랑어는 가을에 알을 낳고 나서는 수척하고 허기진 채로 다시
지중해를 떠나.

고등어, 대구, 참다랑어는 '경골어류'야. 단단한 뼈로 되어 있다고 경골어류야.

경골어류는 몸속에 단단한 등뼈가 있어. 물고기가 드넓은 지구의 바다를 누비게 된 건 몸속에 등뼈가 생겨났기 때문이야.

태곳적에 바다에 생겨난 동물들은 뼈가 없었어. 헤엄도 칠 수 없고 물결따라 이리저리 떠다니거나 바다 밑바닥을 기어 다녔어.

오래전에 사라진 무시무시한 삼엽충도 헤엄을 못 쳤어!

맨 처음 물고기의 조상은 머리와 몸통을 딱딱한 껍데기로 감싸고 있었어.

울퉁불퉁 단단한 껍데기를 갑옷처럼 둘렀다고 갑주어라 불러. 갑옷 아래로 지느러미가 달린 근육질의 꼬리가 나와 있었어. 꼬리를 쳐서 물속을 헤엄쳐 나가지만, 앞부분이 무거워서 머리를 아래로 처박고 바닥 가까이로 기어 다니며, 진흙 속에서 먹이를 걸러 먹어야 했어. 하지만 이때는 갑옷이 든든한 방패였어. 왜냐하면 2미터가 넘는 거대한 바다전갈들이 휩쓸고 다녔기 때문이야.

갑옷 껍데기가 사라지고
물고기에게 등뼈가 생겨났어!
물고기는 최초의 척추동물이야.

1억 년쯤 뒤에, 원시 어류 가운데 옆구리에 뭉툭한 가시가 돋친 물고기가 나타났어. 껍데기도 가벼워져서 헤엄을 훨씬 잘 치게 돼.
그리고 지구 생물 최초로 놀라운 일이 일어나. 턱뼈가 생기고 몸속에 단단한 등뼈가 생겼어!
몸통 아래 부분의 양쪽에 피부 자락이 생겨나 가슴지느러미와 배지느러미로 변해. 가슴지느러미, 배지느러미로 물속에서 균형을 잡고 헤엄쳐.

**이제 더 이상 물고기는 진흙에 머리를 박고 먹이를 걸러 먹는 신세가 아니야.
턱뼈로 먹이를 사냥하고,
처음으로 물속에서 정확하게 방향을 잡고
스스로 원하는 곳으로 헤엄치는
놀라운 동물이 되었어!**

물고기를 따라 멀고 먼 훗날 양서류와 파충류, 포유류는 몸속에 단단한 등뼈를 가지게 돼!

물고기는 최초의 척추동물이야

물고기와 함께 있는 성모 마리아
라파엘로 산치오, 1513-1514년, 프라도 미술관

바닷물고기와 민물고기는 뭐가 다를까?

성스러운 기운이 감도는 그림이야.
500년 전 이탈리아의 천재 화가 라파엘로가 그렸어. 〈물고기와 함께 있는 성모 마리아〉야.
성모 마리아가 아기 예수를 안아 무릎에 올리고 있어. 방금 대천사 라파엘이 토비아를 아기 예수님께 데려왔거든.
물고기를 들고 무릎을 꿇고 있는 소년이 바로 토비아야. 아기 예수가 오른손을 뻗어 토비아를 축복해 주고 있어.
이 그림 속에는 기나긴 이야기가 숨어 있어.
토비아는 경건하고 부유한 유대인 집안에서 자랐어. 그런데 어느 날 토비아의 집에 재앙이 닥쳐와. 아버지 토비트가 전 재산을 빼앗기고 온 가족이 아시리아에 붙잡혀 가고 말았어.

설상가상으로 토비아의 아버지는 시력을 잃어. 눈이 먼 아버지가
토비아에게 메디아로 가서 맡겨 둔 돈을 찾아오라고 부탁해.
토비아는 메디아를 향해 길고 긴 여행을 떠나. 토비아의 여행길을
대천사 라파엘이 함께 해.
여행길에 토비아가 티그리스강 가에서 목욕을 하는데 토비아 앞에
물고기가 튀어 올라!
대천사 라파엘이 말하길 토비아에게 물고기의 심장과 간을 꺼내어 잘
가지고 있으라는 거야. 악마의 영혼을 물리치고 장님의 눈을 뜨게 해
줄 거라면서.
마침내 토비아는 메디아에 도착했는데, 그곳에서 사라를 만나. 사라는
일곱 번 결혼한 여인이었는데, 결혼을 하자마자 남편들이 모두
악마에게 죽었다는 거야.
토비아는 물고기의 심장을 태워 악마를 물리치고 사라와 결혼해.
토비아는 아버지가 부탁한 돈을 찾고, 신부 사라를 데리고 집으로
돌아와. 그리고 물고기의 간으로 아버지의 눈을 뜨게 해 주었다는
이야기야.
하하, 재미있는 유대 전설이지 뭐야.
라파엘로의 그림 속에 토비아가 들고 있는 물고기가 바로 그 기적의
물고기야!
아기 예수 오른쪽에 수염이 기다란 할아버지는 성 히에로니무스야.

성경을 들고 있어.

성 히에로니무스는 먼 옛날 토비아의 이야기를 라틴어로 번역한 성인이야. 덕분에 토비트서가 가톨릭 성경 속에 들어가게 되었어. 성 히에로니무스가 펼쳐 든 부분이 바로 토비트서야.

성 히에로니무스의 발치에는 사자가 웅크리고 앉아 있어.

성 히에로니무스가 베들레헴 수도원에서 살 때 사자의 발에 박힌 가시를 뽑아 주었는데, 그 뒤로 사자가 성 히에로니무스를 지켜 주었다는 전설이 전해져 와.

하하, 그림 한 장 속에 이렇게 길고 긴 이야기가 숨어 있다니.

아는 사람만 보이는 그림이야!

토비아가 오른손에 들고 있는 물고기를 봐!

무슨 물고기일까?

이름은 알 수 없어. 하지만 한 가지를 알 수 있는데 맞춰 봐.

바닷물고기일까? 민물고기일까?

토비아에게 행운을 가져다준 기적의 물고기는 민물고기야. 토비아가 티그리스강에서 목욕을 하는데, 물고기가 튀어 올랐다고 했잖아!

바닷물고기와 민물고기는 뭐가 다를까?

지구 표면 4분의 3은 바다이고, 지구 물의 97퍼센트는 바다에 있어. 나머지 겨우 3퍼센트의 물이 육지에 있는데 거기에도 물고기가 살아.

지구에 있는 물고기의 종류가 34,000여 종인데 그중에 민물고기가 자그마치 11,480종이야.

크고 작은 강물, 깊고 깊은 산골짜기의 차가운 계곡, 여울, 웅덩이, 호수, 저수지, 연못, 댐, 늪과 논두렁에도 민물고기가 살아. 물살이 빠른 곳, 물살이 느린 곳, 고여 있는 물속에도!
바다에 비해 육지의 환경은 변화무쌍해. 가파른 계곡에서부터 졸졸졸 흐르는 냇물, 드넓은 강의 하구, 바다같이 넓은 호수에서 작은 웅덩이까지…… 사는 곳에 따라 먹이에 따라 수많은 물고기 종류가 생겨났어.
나라마다 강마다 거기 물속에만 적응해 살아가는 고유한 민물고기 종도 많아. 우리나라에는 200여 종의 민물고기가 사는데, 그중에서 60여 종이 우리나라에만 사는 물고기야.

안녕,
우리나라에 사는 민물고기야!

바닷물고기와 민물고기는 뭐가 다를까?

바닷물고기
전어

민물고기
각시붕어

바닷물고기는 몸속에서 물이 빠져나가.
민물고기는 몸속으로 물이 들어와.

생김새도 비슷하고 살아가는 방식도 비슷한데, 바닷물고기는 민물에 살 수 없고, 민물고기는 바닷물에 살 수 없어.

왜 그럴까?

바닷물은 짜고 민물은 안 짜.

바닷물고기는 자기 체액보다 바닷물의 농도가 더 높아. 거꾸로 몸에 있는 물이 계속 밖으로 빠져나가. 그럼 탈수 현상으로 죽고 말 거야. 그래서 바닷물고기는 입으로 바닷물을 계속 마셔야 해! 장에서 물을 몸으로 흡수하고, 농축된 염분을 아가미와 배설 기관을 통해 내보내.

민물고기는 자기가 사는 물속 환경보다 체액의 농도가 더 높아. 삼투압 현상으로 물이 아가미와 피부를 통해 계속 몸속으로 들어와. 그럼 온몸이 빵빵해져 터질 거야. 그래서 민물고기는 배설 기관을 통해 끊임없이 물을 몸 밖으로 내보내야 해!

장어잡이
15세기, 프랑스 국립 도서관
© Bridgeman Images - GNC media, Seoul, 2022

칠성장어는 턱이 없어

하하, 재미있는 그림이지 뭐야.
한 남자가 강물에 그물을 던져 놓았어. 장어를 잡는 중이야. 짙푸른
풀밭과 잎이 무성한 나무들을 보니 여름인가 봐.
아들과 아버지일까? 턱수염을 기른 남자가 강둑에서 장어를 팔아.
출렁출렁 물이 가득한 나무 물통에서 장어를 꺼내 들고, 손님의
항아리에 넣어 주고 있어.
지금부터 600년쯤 전에 나온 책 속에 실려 있는 그림이야. 아래쪽에
꼬물꼬물 글자가 보여?
'장어는 차고 습한 성질이 있어서, 열이 많고 건조한 젊은이가 여름에
장어를 먹으면 좋다'는 이야기가 씌어 있어. 옛날 옛날에 어느
아라비아 의사가 쓴 책을 라틴어로 옮긴 건강 지침서야.

우리나라에서도 여름에 장어를 많이 먹잖아? 서양에서도 여름에 좋은 음식으로 장어를 먹나 봐.

그림 속의 물고기는 칠성장어야.

그런데 장어의 이름이 왜 장어일까? 장어는 말 그대로 '기다란 물고기'란 뜻이야. 뱀장어, 칠성장어, 먹장어 모두 몸통이 길~어. 그것만 빼면 뱀장어와 칠성장어는 하늘과 땅만큼 다른 물고기야! 물속에 살고, 다 같이 물고기라 불리지만 사실은 물고기들이 서로 얼마나 다른지 안다면 깜짝 놀랄걸.

뱀장어와 칠성장어는 완전히 달라.

뱀장어가 진정한 물고기라면, 칠성장어는 물고기가 아닐지도 모르는 물고기라니까!

학자들은 어류를 뼈가 단단한지 물렁물렁한지 보고 경골어류와 연골어류로 분류해. 뱀장어는 경골어류야. 칠성장어는 경골어류에도 연골어류에도 속하지 않는 이상한 물고기야.

물고기라면 마땅히 턱이 있어야 해.

칠성장어는 턱이 없어!

칠성장어는 턱이 없어

물고기는 턱을 아래위로 움직여 먹이를 꽉 깨물 수 있어. 그런데 칠성장어는 턱이 없어. 물고기에게 턱이 생겨나기 전, 오래오래 전 지구의 바다에 생겨난 원시 어류의 후손이야.

턱이 없는 원시 어류를 따로 무악어류라고 불러. 칠성장어와 먹장어는 무악어류야. 말 그대로 턱이 없는 물고기라는 뜻이야. 지구에 물고기가 34,000종쯤 있는데, 그중에 무악어류는 겨우 120종이야. 무악어류를 보고 학자들은 오래전에 물고기가 어떻게 진화했는지 추측해.

무악어류는 지구에 산 지 오래 되었어. 지금부터 4억 8천만 년 전 지구의 바다에 번성했는데, 3억 5천만 년 전쯤 대부분 멸종되었어.

오래전 무악어류 중 칠성장어와 먹장어 무리만이 살아남았어.

화석으로 알 수 있는 물고기의 역사에 따르면 무악어류가 나타나고, 1억 년이 지나서야 턱이 있는 물고기가 나타났다는 거야! 칠성장어와 먹장어가 얼마나 오래된 물고기인지 알아야 해. 칠성장어와 먹장어는 거의 태곳적 물고기야. 물고기계의 할아버지라고. 에헴!

나는 먹장어야.
턱이 없어.

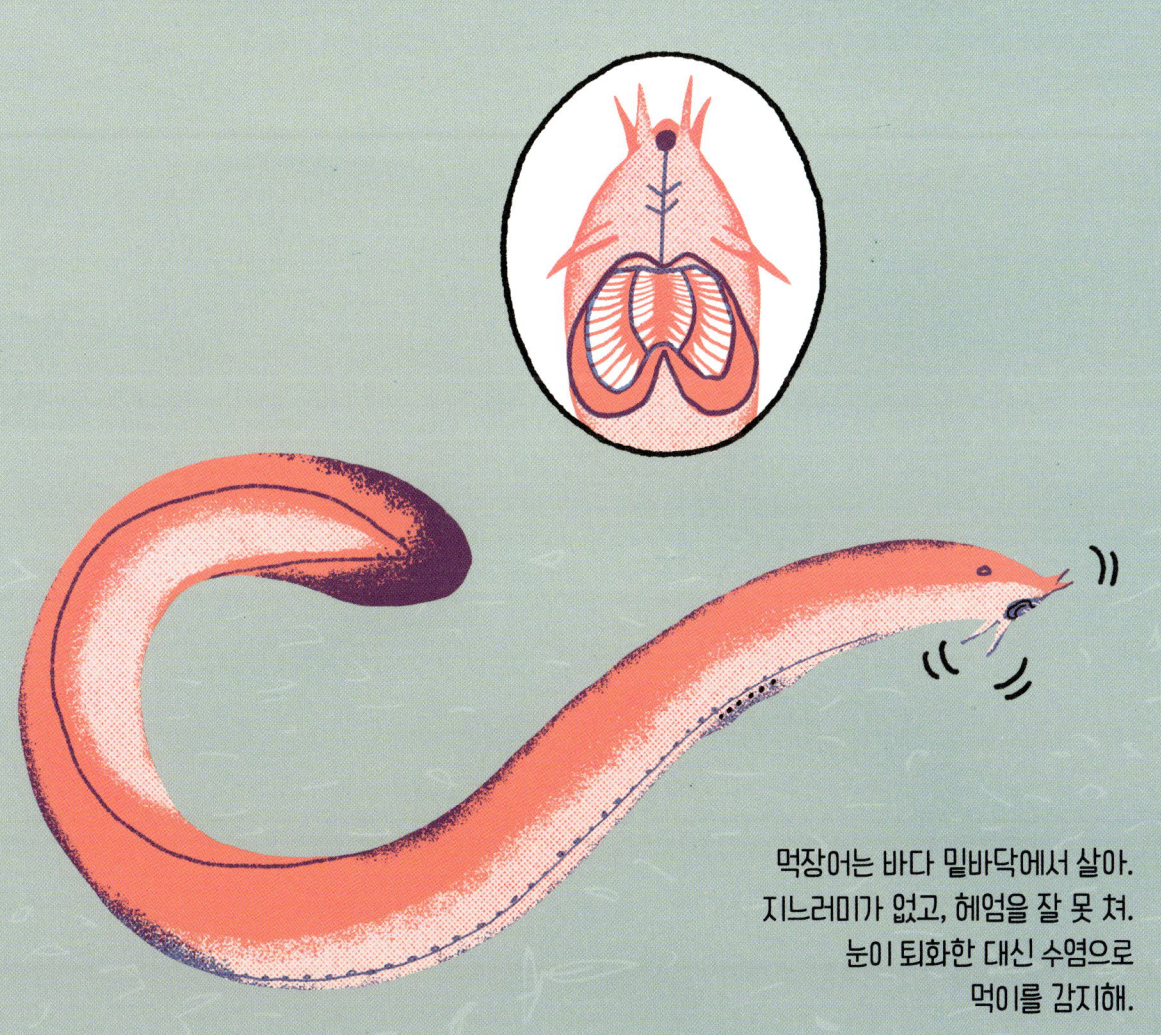

먹장어는 바다 밑바닥에서 살아.
지느러미가 없고, 헤엄을 잘 못 쳐.
눈이 퇴화한 대신 수염으로
먹이를 감지해.

무악어류는 턱이 없기 때문에
스스로 먹이를 사냥할 수 없고,
커다란 물고기의 몸에 빨판을 착 붙이고
체액을 빨아먹으며 기생 생활을 해.

죽은 물고기도 말끔히 먹어 치워서
바다의 청소부라고 불려.

먹장어는 일생 동안 바다에서 살아.
칠성장어는 바다에서 살다가 알을 낳기 위해 여름에 강으로 올라와.
모래와 자갈이 많은 강바닥에 알을 낳는데, 암컷과 수컷이 함께
입속의 빨판으로 자갈을 물어와서 커다란 돌 틈에 동그랗게 알자리를
만들어.
알을 다 낳으면 꼬리를 흔들어 알자리를 모래로 덮은 다음 다시
자갈을 물어와 옮겨 가며 알자리를 만들어.

암컷 1마리가 알을 6만 개쯤 낳아.
알을 다 낳고 나면
암수 모두 죽어!

강에서 부화한 새끼는 강바닥의 진흙 속에 살면서 영양분과
플랑크톤, 조그만 물고기를 걸러 먹어.
칠성장어가 알에서 부화했을 때는 어미와 모습이 딴판이야. 눈이
없고 꼬리에 빛 감지 세포가 많이 있어. 기다란 등지느러미가 하나
있어. 처음에는 다른 물고기인 줄 알고 학자들이 칠성장어 유생을
암모코에테라고 따로 이름을 붙였을 정도야. 칠성장어는 4년 동안
유생으로 살다가 변태를 해.

칠성장어는 몸에 구멍이 일곱 쌍 있어서
이름이 '**칠성장어**'야.

아가미구멍

눈 뒤쪽, 양 옆구리에 나란히
일곱 쌍의 아가미구멍이 있어!

몸길이가 15~20센티미터로 자라면 어린 칠성장어들이 바다로 가.
바다에 나가 2~3년쯤 더 자라는데, 다 자라면 60센티미터까지 자라.
성체가 되어 알을 낳을 때가 되면 칠성장어는 바다를 떠나 강으로 가.
자기가 태어난 강으로 다시 돌아가는 거야!

강을 거슬러 올라가는 칠성장어를 사람들이 그물로 잡아.

600년쯤 전 책 속의 그림을 다시 볼까?
그러니까 여기는 바다가 멀지 않은 강이야. 그림 속 물살과 그물의
방향을 보니 오른쪽이 강의 상류야. 바다에서 다 자란 칠성장어들이
강물을 거슬러 알을 낳으러 가는 길목이야.
저런, 알을 낳으러 가기도 전에 몇 마리가 그물에 걸리고 말았어!

물고기가 있는 정물
피터르 클라스존, 1647년, 암스테르담 국립 미술관

몸이 파랗다고 청어야

어어어어어어어~.
식탁보를 슬쩍만 당겨도 쏟아질 것 같아.
음식과 접시가 와르르 와장창!
마음이 조마조마해.
하하, 화가가 그러라고 그린 거야! 1647년에 피터르 클라스존이라는 화가가 그렸는데, 이 그림 속에는 숨어 있는 뜻이 있어.
무슨 뜻일까?
식탁 위에 한 상 가득 풍성하게 음식이 차려져 있어. 잎이 달려 있는 싱싱한 청포도와 유리잔에 포도주가 찰랑찰랑, 높다란 접시 위에도 무언가가 담겨 있어.
그림 앞쪽에는 깎다 만 레몬과 레몬 조각, 호두가 놓여 있어.

한가운데에는 구운 청어가 있어. 그 옆에는 빵이 있는데 만지면
바스락 소리가 날 것 같아. 그림이 어찌나 생생한지 그림 속 유리잔에
손가락을 튕기면 쨍~ 맑은 소리가 날 것만 같아.
하얀 식탁보를 봐. 오랫동안 잘 개어져 있었던 자국마저 아주 생생해.
어쩐 일인지 식탁보가 반쯤 벗겨져 헝클어져 있어.
식탁 끄트머리에는 아슬아슬 칼과 칼집이 놓여 있어.
피터르 클라스존은 신선한 과일과 물고기, 빵, 잔과 접시, 칼 같은
식탁 위의 정물을 많이 그렸는데, 이 시대의 그림 속에 등장하는
정물은 그냥 있는 그대로의 물건이 아니야.
화가가 물건 속에 뜻을 숨겨 두었어. 그림 속 물건은 언제나 무언가를
상징해!
이 그림 속에 등장하는 포도와 포도주, 빵과 물고기는 성경 이야기와
관련이 있어.
2000여 년 전 예수 그리스도가 십자가에 달려 못 박히시기 전,
제자들과 마지막 식사를 하실 때였어. 예수가 식탁 위에서 빵을 들며
말씀하셨지.
'받으라. 이는 내 몸이니라.'
또 포도주를 들어 말씀하셨어.
'마시라. 이는 많은 사람을 위하여 흘리는 나의 피라.'
이 순간을 기념하며 지금도 그리스도 교도들은 성찬식을 해.

훗날 그림 속의 빵과 포도주는 예수 그리스도를 상징하게 돼.
물고기도 예수 그리스도를 상징해, 그리스어로 '예수 그리스도는
나의 구원자'의 머리글자를 모으면 '익투스'가 돼.

'익투스'는 그리스어로 '물고기'야.
그래서 이 그림 속에도 물고기가 나와.

식탁 위를 감싸고 있는 포도 넝쿨은 예수의 희생과 부활을
상징한다고 해. 많은 사람의 죄 사함을 위해 희생 제물이 되신 예수
그리스도 말이야. 하얀 식탁보도 예수를 상징하는데, 예수의 시신을
감싼 수의를 뜻해.
호두는 복음의 비밀을 상징해. 성경에서는 예수 그리스도가 신의
아들로 이 땅에 오신 것과 나의 죄를 대신해 십자가에 달려 죽으신
것을 믿는 자마다 죄 사함을 얻고 영원한 생명을 얻는다고 해.
이 그림은 어느 수도원의 벽에 걸려 있었는데, 수도사들에게 예수
그리스도의 희생과 구원을 떠올리며 겸손하고 경건한 삶을
살아가도록 일깨워 주었어.
자칫 잘못하면 경건한 생활이 언제 무너질지 몰라. 그림 앞쪽,
흐트러진 식탁보 위에 불안하게 놓여 있는 깎다 만 레몬, 식탁 끝에
아슬아슬하게 놓여 있는 칼과 칼집이 그걸 경고하고 있어!

하하, 하지만 이 그림이 여기 등장한 건 한가운데 커다란 접시에 담긴 물고기 덕분이야. 노릇노릇 잘 구워져 접시에 담겨 있어.
이 물고기의 이름은 청어야!
이 그림이 그려진 때는 1647년인데, 고기가 귀하던 시절에 청어는 유럽 사람이 즐겨 먹던 먹거리였어. 소금에 절인 청어, 말린 청어, 연기에 그을린 청어로 거의 매일 식탁에 올라 질리고 질리도록 먹던 생선이야.

중세 시대 유럽 사람에게 청어는 하늘이 내려 준 선물이야. 대서양 청어는 '바다의 개미'라고 불려. 어찌나 많은지 최초의 분류학자 칼 폰 린네도 청어를 가리켜 번식력이 가장 왕성한 물고기라 불렀어. 대서양 청어는 북대서양과 북해에 다양한 종이 살고 있는데, 봄과 가을에 산란하기 위해 영국, 덴마크, 스웨덴, 벨기에, 네덜란드 연안으로 모여들었어.

하지만 청어의 살코기는 너무 기름기가 많아서 빨리 썩어 버려. 잡은 청어는 바로 염장해 통에 담았어. 그러면 몇 달 동안 썩지 않게 보관했다가 멀리까지 보내 팔 수 있었어. 항구마다 청어잡이에 나선 어부로 북적북적, 마을이 새로 생겨나. 청어를 말리고 훈제하고 소금에 절여 가공하는 일에 종사하는 사람이 늘어나고, 시장이 생겨났어. 소금에 절여 밀봉한 청어와 와인을 바꾸고 물물 교역이 성행했어.

청어는 이렇게 생겼어.
몸이 파랗다고 '청어'야!

등은 파랗고 배는 하얘.
입이 작고 아래턱이 조금 길게 튀어나왔어.
다 자라면 몸길이가 35센티미터쯤 돼.
꼬리지느러미가 가위처럼 갈라져 있어.

청어는 찬물에서 살고
엄청난 무리로 몰려다녀.

한곳에 머물지 않고 먼 곳을 오가는 물고기야.

청어는
세계사를 바꾼 물고기로 유명해.
대서양 청어 무리가
유럽의 강대국을 만들었어.

영국과 네덜란드는 중세 시대에 청어잡이로 해양 제국이 되었어. 청어 떼가 발트해로 몰려오면 발트해 주변의 나라들이 청어 무역으로 강대국이 되었어. 청어 떼가 갑자기 회유 경로를 바꿔 북해로 가 버리면 북해 주변의 나라들이 강대국이 되었어!
어느 해에는 청어 무리가 득실거리고 어느 해에는 코빼기도 보이지 않기도 했어. 청어 무리를 따라 배들이 먼 나라로 항해했어. 중세 시대에 유럽 여러 나라가 청어 때문에 '청어 전쟁'을 치르기도 했어. 바이킹도 청어 무리를 따라다녔어!
청어는 북반구를 회유하는 한류성 물고기야. 북대서양, 북태평양, 북극해에 살고 우리나라의 동해와 서해에도 와.
옛날에 엄청났던 동해 청어가 1970~1980년대에 급격히 줄어들었어. 그런데 최근에 청어 무리가 돌아왔어. 사라진 줄 알았던 청어가 30~40년 만에 다시 돌아왔다는 반가운 소식이야!

신성한 물고기
조르조 데 키리코, 1919년, 조르조 데 키리코 재단
ⓒ Digital Image, The Museum of Modern Art, New York/Scala, Florence - GNC media, Seoul, 2022

물고기가 왜 무리를 지을까?

앗! 이 그림에도 청어가 나오잖아!

어디일까?

밤인 것 같아. 불가사리 모양 촛대, 기둥이 있고 커다란 나무 받침 위에 불에 그을린 청어 2마리가 놓여 있어.

왜 이런 걸 차려 놓았지? 그러고 보니 무대 같기도 해. 오른쪽 앞쪽에 비스듬히 서 있는 파란 기둥이 마치 둘둘 말린 휘장처럼 보여. 방금 휘장이 걷히고 우리 앞에 무대가 열린 것 같아!

무대 뒤로 멀리 수평선이 펼쳐지고 기둥의 그림자들이 일제히 수평선을 향하고 있어. 그림자에 이끌려 저절로 수평선을 바라보게 돼. 어둠이 온 세상을 덮치기 직전을 그린 걸까? 아스라이 밝아 오는 새벽의 빛을 그린 걸까?

찾아봐!

그림 속에 여러 가지 입체 도형들도 숨어 있어. 삼각기둥, 사각기둥, 팔각기둥, 원기둥, 원뿔…….

그림이 온통 수수께끼로 가득 차 있어.

이 그림의 제목은 〈신성한 물고기〉야. 1919년에 이탈리아의 초현실주의 화가 조르조 데 키리코가 그렸어.

키리코는 꿈속 세계 같은 기이한 풍경을 즐겨 그렸는데, 아케이드, 탑, 광장, 동상, 기차, 마네킹이 있는 도시의 풍경이 아름답고 기묘해. 사람들이 매일 오가는 도시의 익숙한 거리도 키리코의 그림 속에서는 환상적이고 낯설기만 해.

키리코의 그림을 보면 누구나 생각에 빠져. 〈신성한 물고기〉에서도 촛대와 기둥, 입체 도형, 청어가 함께 있어.

그림이 기기묘묘해.

유럽 사람들이 매일 먹던 청어인데, 청어를 이렇게 기이하고 낯선 풍경 속에 그린 이유가 무엇일까? 팔딱팔딱 살아 있는 청어가 아니라 불에 그슬린 청어야. 머리도 없고!

제목은 왜 〈신성한 물고기〉일까? 제단에 바친 물고기일까?

왜? 무엇 때문일까?

아무도 말해 주지 않아. 이 그림을 그릴 때 세계에 무슨 일이 있었는지, 화가에게 무슨 일이 있었는지 살피고 추측할 뿐이야.

화가가 이 그림을 그린 건 제1차 세계 대전이 끝나고, 스페인 독감이
유럽을 휩쓸었을 때라고 해. 키리코는 전쟁으로 위대한 시인이었던
친구를 잃었어. 이 무렵에 화가도 스페인 독감과 사투를 벌이고
살아났어. 그리고 이런 글을 썼어.
'세상은 악마로 가득 차 있고…… 모든 일에서 악마를 발견해야 한다.'
화가의 마음이 느껴져?
어쩐지 기분이 으스스해.

청어는 차가운 바다에서 살다가
알을 낳을 때가 되면
얕은 바닷가 해안으로 몰려와.

얕은 바다에는 해조류가 무성하고 암초가 있어. 알을 낳기 좋은
곳이야. 청어는 12월부터 4월 사이에 알을 낳아. 산란기에 얕은
바다로 몰려오는 청어 무리를 어부들이 잡아. 옛날에 알을 낳으러
바닷가로 몰려드는 청어 무리가 얼마나 많았는지, 청어 무리가
자글자글 소리를 내고 어부들이 노를 저을 수 없을 지경이었다는
거야. 우리나라에서도 청어는 오래전 기록에 등장할 만큼 많이
출몰한 물고기야.

물고기가 왜 무리를 지을까?

청어들이 동해와 서해에 나타났어. 가난한 선비를 살찌운다고
'비유어'라고 불렸어.
청어처럼 먼 거리를 오가는 물고기를 회유성 물고기라고 해.

어떤 물고기는 알을 낳기 위해,
어떤 물고기는 먹이를 찾아,
어떤 물고기는 겨울을 나려고
먼 거리를 이동해.

청어 무리는 먼바다에서 살다가 알을 낳기 위해 얕은 바다로
몰려오는데, 청어가 어디에서 와서 어디로 갈지는 아무도 몰라.
청어 무리는 알 수 없는 이유로 산란 장소와 회유 경로를 바꾸기로
유명해. 우리나라에서도 조선 시대 기록들에 언젠가는 청어가 엄청나게
몰려왔다고 하고, 언젠가는 자취를 감춰 버렸다는 이야기가 전해져.
청어는 왜 무리를 지을까?
물고기가 무리를 지으면 뭐가 좋을까?
수많은 물고기가 같은 방향으로 이동하면 해류가 생겨. 헤엄치기 훨씬
수월해. 사이클 선수들이 무리를 지어 바람의 저항을 줄이는 원리와
비슷해.

물고기 무리에는 우두머리가 없어!

앞에서 헤엄치던 물고기가
뒤에 있는 물고기와 자리를 바꿔 가며 헤엄쳐.

물고기들이 거대한 무리를 이루고 함께 행동하면,
포식자가 공격해 와도 유리해.

포식자가 공격하면 분수처럼 갈라져.

커다란 무리를 만나면 포식자는 그 속에서 먹잇감을 떼어 내기가 어려워져. 혼동 효과가 일어나. 마치 사탕 가게에 있는 어린아이처럼 무엇을 골라야 할지 결정하지 못하게 되는 거야.
하지만 커다랗게 무리를 짓는 물고기는 그저 수가 많아서 유리한 게 아니야.

**무리지어 다니면
포식자가 공격해 올 때 민첩하게
놀라운 대열을 만들어 방어할 수 있어.
바로 바로
'분수 효과'라 불리는 전략이야.**

무리가 두 갈래로 나뉘어 포식자의 양옆을 스쳐 지나간 다음 포식자의 뒤에서 다시 합쳐! 만약 포식자가 방향을 바꿔 다시 추격해 오면 똑같은 작전을 반복해. 포식자의 속도가 빠르면 더 민첩하게 행동하며 포식자를 더 멀찌감치 따돌려.
비록 한두 마리가 잡히더라도 그동안 무리의 대부분은 도망갈 수 있어!

문자도
조선 시대, 국립 민속 박물관

잉어는 민물고기의 왕이야

신기한 그림이야!

그림일까? 글자일까?

하하, 글자와 그림이 한 몸이 되었어!

'孝(효)'라는 한자의 윗부분을 거문고, 귤, 잉어, 죽순 그림으로 바꿔 글자를 만들었어. 바로 바로 효도 '효' 자야.

글자와 그림이 어우러졌다고 이런 그림을 〈문자도〉라고 불러.

〈문자도〉에는 글자와 관련된 고사성어가 숨어 있어. 옛이야기가 숨어 있는 사자성어 말이야.

이 〈문자도〉에 숨어 있는 고사성어는 바로 바로 '잉어동순'이야.

옛날 옛날 중국의 진나라에 왕상이라는 사람이 살았어. 왕상에게는 주 씨라는 계모가 있었는데 몹시 포악했어.

계모가 잔인하게 대하는데도 왕상은 계모를 극진히 봉양했어. 계모가 엄동설한에 살아 있는 물고기를 먹고 싶다고 하자, 왕상이 강에 가서 얼음을 깨뜨리는데 신령님의 도움으로 잉어가 쌍으로 뛰어올라. 왕상이 잉어를 무사히 잡아 계모를 공양했다는 이야기야.

또 중국 오나라에 맹종이라는 사람이 살았어. 어머니가 한겨울에 죽순이 먹고 싶다고 해서 대나무 밭으로 갔지만, 한겨울에 죽순이 있을 리 없지. 맹종이 슬퍼하며 탄식할 때에 갑자기 눈 속에서 죽순이 솟아나 어머니에게 드릴 수 있었다는 이야기가 전해져 와.

이제 글자 속에서 거문고를 찾아봐.

효도 '孝(효)' 자의 한가운데, 가로획 속에 간략하게 디자인처럼 숨어 있어!

거문고는 순 임금의 이야기야. 순의 생모가 죽고 아버지가 후처를 얻어 아들을 낳았는데, 배다른 동생이 어머니와 짜고 아버지를 꾀어 순을 죽이려 했어. 위험한 순간을 넘기고도 순은 태연히 거문고를 탔어. 그 뒤에도 순은 아무 일 없었다는 듯이 아버지와 계모를 극진히 모셨어.

거문고와 잉어 사이에는 귤이 그려져 있어.

중국 오나라의 6세 아이 육적에게 누군가 귤을 주었는데, 고맙다며 먹지 않고 품속에 넣었다고 해. 왜 먹지 않느냐고 물었더니 어머니에게 드린다고 대답했다는 거야.

하하,
잉어는 자기들이
무엇 때문에
옛 그림에
등장하게 되었는지
꿈에도 모를 거야.

효행과 관련된 이런 이야기가 옛 책《소학》에 실려 있어.《소학》은
조선 시대에 공부하는 아이들이 처음 배우는 교과서 같은 책이야.
책 속 이야기를 그림 글자로 그려 8폭 병풍에 담았는데,
이 〈문자도〉도 8폭 병풍 중 하나에 그려져 있어. 세상에서 가장
커다란 그림 교과서지 뭐야.
이야기를 모두 떠올리며 병풍 속 그림을 봐.
하하, 잉어가 제일 한가운데 크게 보여!

잉어는 민물고기의 왕이야. 덩치가 크고 힘이 세!

중국의 황하강에 용문협이라 불리는 협곡이 있는데, 지금은 댐이
들어섰지만 옛날에는 이곳에 3단으로 된 폭포가 있었다고 해.
어떤 물고기도 이곳을 오르지 못하는데, 다 자란 잉어들이 폭포를
뛰어올랐어! 이곳을 통과한 잉어들은 신통력을 얻어 용이 된다는
전설이 전해져 와. 그래서 '등용문'이라는 말이 생겨났어. 옛날에
과거에 급제한 사람에게 쓰던 말인데 폭포를 뛰어올라 용이 된
잉어처럼 어려운 관문을 통과한 사람에게 지금도 등용문을
통과했다는 말을 써.

잉어는 덩치가 정말 커.
다 자라면 1미터를 넘어!

입에 수염이 두 쌍 있고
기와 무늬 비늘도 커다래.

잉어는 민물고기의 왕이야

예부터 잉어는 상서로운 물고기로 여겨 귀한 대접을 받았어. 옛이야기에서 잉어는 민물 용왕의 아들이야. 옛날 옛날에 한 숯장수가 강에서 큰 잉어를 잡았는데 도로 놓아주었어. 어느 날 잉어가 다시 돌아와 숯장수를 용궁으로 데려갔는데 그 잉어가 바로 용왕의 아들이었지 뭐야. 숯장수의 딸과 용왕의 아들이 결혼을 했다는 이야기야.

또 《전어지》라는 책에서는 잉어를 물고기의 어른이라 일컬으며 봄철에는 잉어를 잡지 말고 겨울철에 잡아야 하는데, 길이가 열 자가 넘는 잉어는 100년을 산 영물일지 모르니 먹으면 안 된다고 했어. 잉어를 한자로 하면 '리어'인데 '리'가 왕의 성씨와 발음이 똑같다고 중국의 당나라와 우리나라 조선 시대에는 임금에게 잉어를 올리지 못했어. 하하, 당나라에서는 잉어를 잡으면 곤장 60대를 맞았다는 거야.

민물에서 흔히 볼 수 있는 커다란 잉어에게 이렇게 많은 이야기가 있었다니!

잉어는 오래전부터 사람들 곁에 살아서 고장마다 부르는 이름도 굉장히 많았어. 잉애, 잉에, 주불기, 참마자, 빙애, 딱금이, 먹대, 발갱이, 주라기, 신랄이, 쥐보리, 빗둥이, 보래기…….

잉어를 본 적 있어?

이제 호수나 연못에 가면 잉어를 자세히 관찰해 봐.

잉어는 큰 강이나 호수, 저수지, 댐, 연못에 살아. 맑고 차가운 물보다 따뜻하고 흐린 물을 좋아해.

주둥이로 바닥을 헤집고 다니며 뻐끔뻐끔 먹이를 찾아. 탁한 물에서도 잘 살고, 잡식성이야.

잉어는 물풀, 물벌레, 지렁이, 작은 게, 새우, 우렁이, 치어 가리지 않고 아무거나 잘 먹어.

겨울에는 깊은 곳에 들어가 꼼짝하지 않고 지내다가 봄이 되면 슬슬 활동을 시작해. 수온이 25~27도로 올라가면 식욕이 가장 왕성해지고 크게 자라.

잉어는 5~6월, 새벽과 이른 아침에 물풀이 우거진 물가에 알을 낳아. 한곳에 알을 낳지 않고 자리를 옮겨 가며 여러 곳에 알을 낳아. 알이 끈적끈적해서 물풀에 잘 달라붙어. 4~12일 사이에 알에서 깨어나는데, 30도 물에서는 이틀 만에도 깨어나!

1년이 지나면 10센티미터, 2년이 지나면 20센티미터, 3년이 지나면 30센티미터로 자라고 다 자라면 1미터를 넘기도 해. 3~4년쯤 자라면 알을 낳아. 물고기 치고 수명도 길어서 20~70년까지 살아.

비단잉어는
야생 잉어가 돌연변이를 일으킨 거야.

비단잉어는 관상용으로 인기가 많아. 돌연변이 잉어들을 오랫동안 선택 교배시켜 색깔이 빼어나고 아름다운 무늬를 지닌 잉어들이 태어났어.

하지만 비단잉어도 자연으로 되돌아가면, 그 자손의 자손들이 서서히 다시 야생의 잉어로 돌아가. 자연에서 비단잉어를 보기 힘든 이유야.

잉어는 인류가 양식한 물고기 중에서 가장 오래되었어. 2500년 전 중국의 책에 잉어를 기른 이야기가 나오고, 2000년 전 유럽의 연못 유적지에서도 잉어를 기른 흔적이 발견되었어.

처음에는 잉어를 잠시 동안 물에 담가 살려 두었다가 잡아먹었을 거야. 그러다가 나중에는 큰 연못을 만들어 풀어놓게 되었어.

잉어는 고인 물에서도 잘 살아. 지금도 관상용과 약용으로 인기가 많은 물고기야.

옛날에는 강물이 매우 맑고 깨끗해서 잉어를 보기 드물었어. 잉어는 탁한 물을 좋아하거든. 지금은 강과 호수, 저수지, 연못을 가리지 않고 흔한 물고기가 되었어.

금붕어
앙리 마티스, 1912년,
푸슈킨 미술관
© Photo Scala, Florence - GNC media, Seoul, 2022

금붕어는 붕어의 돌연변이야

앙리 마티스를 좋아해?
야수파 화가 앙리 마티스의 〈금붕어〉라는 그림이야. 조그만 탁자 위
투명한 어항 속에 금붕어 4마리가 헤엄치고 있어.
일렁일렁~.
수면 위에 어른거리는 금붕어의 그림자가 보여? 보고만 있어도
시원하고 즐거워지는 그림이야.
색깔도 무척 화려해. 진한 코발트 빛 바다 위로 팔걸이만 슬쩍 보이는
민트색 안락의자, 라일락 꽃 빛깔 탁자, 어항 속 푸르스름한 물빛,
노르스름한 자갈, 오렌지색 금붕어, 그 위에 싱그러운 초록 빛깔
잎들과 보랏빛 꽃들, 라벤더색 벽지…….
색깔들이 잔치를 벌이는 것 같아!

마티스의 그림은 어린아이 그림처럼 선이 단순하고, 색깔이 강렬하고
화려해. 처음에는 미술 애호가들이 별로 좋아하지 않았어. 기자들이
마티스의 그림을 보고 야만적이라고 조롱하며 '야수파'라고
불렀는데, 그 뒤로 마티스를 따르는 화가들의 화풍을 야수파라
부르게 되었어.

마티스는 색채의 대가로 불려. 사물의 형태를 단순하게 선으로
그리고, 그 위에 색채를 자기가 느끼는 대로, 좋아하는 색깔로,
시원하게 붓을 놀려 자유분방하게 쓱쓱 칠했어.

마티스는 자기의 그림을 '피로를 풀어 주는 편안한 안락의자 같은
예술'이라고 말했어. 정말 그런 것 같아. 마티스의 그림을 보고 있으면
저절로 기분이 좋아져.

마티스는 두 번 북아프리카와 모로코를 여행했는데, 그 뒤로 그림이
더욱 리듬과 기쁨과 생기가 넘치게 되었어. 마티스는 즐거운 그림을
많이 그렸어. 생의 마지막에는 병상에 누워 색종이를 오려 붙이며
'색종이 그림'을 그렸어.

우울할 땐 마티스의 그림을 봐!

마티스는 금붕어가 있는 그림을 아홉 점 그렸어. 햇살 좋은 창가에

놓인 금붕어, 고양이가 앞발을 어항 속에 담가 깜짝 놀라는 금붕어, 어항 위로 뛰어오르는 빨간 금붕어……. 그중에서 이건 금붕어가 가장 한가운데 있는 그림이야.
마티스는 금붕어를 기른 게 틀림없어. 금붕어와 이야기도 했을걸. 금붕어는 어항 속에서도 살 수 있어.

금붕어는 야생의 붕어가 돌연변이를 일으킨 거야.

옛날 옛날에 야생의 붕어가 돌연변이를 일으켜 붉은 붕어가 태어났는데 그걸 연못에서 키우기 시작한 거야!
붕어는 잉어와 비슷하게 생겼어. 잉어보다 조금 납작하고 몸집이 조금 작아. 생김새가 거의 비슷해서 구별하기 어려워. 하지만 쉽게 구별하는 방법이 있어. 잉어는 수염이 있고 붕어는 수염이 없어!
자연에서 일어난 돌연변이는 차츰차츰 사라지는데, 사람들이 돌연변이 붕어를 연못에서 기르면서 계속 번식을 시켰어. 돌연변이 붕어끼리 짝짓기를 해서 점점 더 기기묘묘한 금붕어가 태어났어.
금붕어는 오래전 붕어의 모습을 잃었어. 몸은 점점 작아지고 색깔과 지느러미와 꼬리가 몹시 화려해졌어. 눈이 툭 튀어나오고 꼬리지느러미가 없는 것도 있어!

우리, 같은 종족이야?

그렇다니까!

금붕어의 기억력이 3초라는 말은 완전히 틀렸어!
금붕어도 무언가를 기억할 줄 알아. 그것도 아주 잘!
동물 행동학자들이 금붕어가 색깔을 구별할 수 있는지 실험했어.
수족관에서 먹이를 줄 때 금붕어마다 다른 색깔의 급식 판에 먹이를
준 거야.

**금붕어는 자기 급식 판의 색깔을 알아보고
먹이에 다가왔어!**

학자들은 금붕어가 확실히 색깔을 구별할 줄 안다는 것을 확인하고,
금붕어를 모두 아쿠아리움에 돌려보냈어.
그리고 1년이 지났어. 이듬해에 1년 전에 실험했던 금붕어에게 똑같은
실험을 반복했어. 이럴 수가! 1년 전 실험에 참여했던 금붕어들이
자기 급식 판의 색깔을 그대로 기억하고 있었어!
물고기도 기억력이 있어. 색깔을 구별하고 소리도 구별할 줄 알아.
먹이를 줄 때마다 특정한 소리를 내면 소리만 내도 다가와.
물고기가 멍청하게 보여? 그건 정말로 멍청한 생각이야!
물고기도 살아가려면 기억력이 필요해. 무엇을 먹고 무엇을 먹지
말아야 하는지, 적이 오면 어디로 숨어야 하는지 잘 알고 있어.
물고기의 기억력을 실험한 학자의 실험 이야기는 아주 많아.

금붕어가 어항에서 똑같은 길을 맴도는 건 기억력이 나빠서가
아니야.

어항이 너무 비좁기 때문이야!

어항 속은 결코 금붕어가 살기 좋은 환경이 아니야. 금붕어를 연못에
풀어놓으면 그런 행동은 사라져. 어항은 중국의 당나라와 송나라
시대에 귀족들이 자기 집 연못에서 기르던 금붕어를 손님에게 보여
주려고 잠깐 옮겨 오던 그릇일 뿐이었는데, 후대에 사람들이 너도
나도 어항에 금붕어를 기르기 시작했어.

금붕어를 기르려면 커다란 어항이 필요하고 기포기를 달아 주고
배설물이 쌓이지 않도록 물을 잘 관리해 주어야 해.

기르던 금붕어를 함부로 자연에 방생하는 것도 문제야!

어항 속에 살던 금붕어는 자연에 돌아가도 잘 살지 못해. 어떤
금붕어는 자연으로 돌아가 덩치가 엄청나게 커지기도 해. 호수나
강에 버려진 금붕어가 팔뚝만큼 자라나 호수 바닥을 긁고 주변
생태계를 어지럽혀. 토종 물고기를 몰아내기도 해.

금붕어를 집으로 데려올 땐 생각을 많이 해야 해.

그리고 절대 1마리만 데려오면 안 돼. 붕어는 원래 무리를 지어 사는
물고기거든.

분청사기 철화 연꽃, 물고기 무늬 병
조선 시대, 국립중앙박물관

가시로
톡톡 쏜다고
쏘가리야

물병일까? 술병일까?
주둥이가 좁고 목이 기다란데 아래로 내려갈수록 점점 뚱뚱해지다가
다시 홀쭉해져서는 받침 굽 위에 간당간당 얹혀 있어. 조금만
기울여도 넘어질 것 같기도 한데, 나팔 모양 주둥이 끝이 꼭 말하는
입술 같아!
'아니, 나는 안 넘어져.'
정말로 말을 걸어오는 것처럼 친근하고 소박한 도자기지 뭐야.
지금부터 500년쯤 전 조선 시대에 빚어진 분청사기야. 분을 바른
도자기라고 분청사기야. 검푸른 병에 화장을 하듯이 하얀 흙물을
덧바르고 철분이 들어간 물감으로 그림을 그렸어. 표면을 자세히 봐.
하얀 흙 밑으로 흘긋흘긋 물레가 돌아간 자국이 보여.

빠르게 돌아간 물레의 속도감이 느껴져? 돼지털이나 말총으로 만든
거친 붓으로 하얀 흙물을 슥슥 덧발라서 자유롭고 소박해 보여.
그리고 그 위에 그림을 그렸어!
물고기와 연꽃이 번갈아 있는데, 병을 빙 돌리면 물고기가 2마리야.
물고기가 뾰족한 입으로 연꽃 줄기를 물고 있어. 팔딱팔딱 물고기가
활기차 보여. 동그란 눈과 아가미, 활짝 편 지느러미와 비늘까지
자세히 그려 놓았어. 그런데도 선이 간략하고 강렬해서 조선 시대
그림이라고 믿을 수 없을 만큼 현대적이야. 피카소가 보았다면 깜짝
놀랄 만큼.
무슨 물고기일까?
쏘가리 같아!

쏘가리는 아가미뚜껑과 등지느러미에 뾰족한 가시가 있어.

보여? 그림 속 물고기에도 아가미뚜껑과 등지느러미에 뾰족뾰족
가시가 있어! 쏘가리는 가시로 톡톡 쏜다고 이름이 '쏘가리'가 되었어.
사실은 쏘는 게 아니라 그냥 가시에 찔려서 쓰리고 붓는 거야.

가시로 쏜다고
이름이 **쏘가리**야!

머리가 길고 입이 커.
몸에 얼룩얼룩 표범 무늬가 있어.
몹시 사납고 무서워.

우리 옛 화가들은 민화나 도자기에 물고기 그림을 즐겨 그렸어.
물고기가 중요한 먹거리이기 때문에 풍어를 기원하며 물고기를
그리거나, 물고기가 알을 많이 낳으니 자손이 번성하기를 바라는
뜻을 담아 그렸어.
또 물고기는 낮에도 밤에도 눈을 뜨고 있잖아? 잡된 것을 경계하고
물리쳐 주기를 바라는 마음을 담아 물고기를 그렸어.
쏘가리에는 더 재미있는 뜻이 숨어 있어. 쏘가리를 한자로 하면
'궐어'인데 한자로 대궐, 궁궐의 '궐' 자와 소리가 똑같아서 출세와
번영을 기원하는 뜻으로 그렸다는 거야.
하하, 그러고 보니 머나먼 한양으로 과거 시험을 보러 가던 선비들이
들르는 주막집에 있었을 것만 같은 술병이야!

쏘가리는 큰 강에 사는 민물고기야. 바위가 많고 물살이 빠르고 맑은 강의 중류에 살아.

쏘가리는 바위 밑이나 돌 틈에 잘 숨어 있어. 주로 밤에 활동하고
육식성이야. 살아 있는 곤충, 징거미새우, 피라미 같은 작은 물고기를
잡아먹어. 바위 밑에 숨어 있다가 물고기가 지나가면 순식간에

튀어나와 낚아채 물어. 입 안쪽에 뾰족한 이가 휘어져 있어서 꽉 물면 빠져나가지 못해.

> 쏘가리는 이름처럼
> 도도하고 까칠한 물고기야.
> 더러운 물에서는 못 살고,
> 고인 물에서도 못 살아.

쏘가리는 혼자 사는데 텃세를 심하게 부려! 자기 종족인 쏘가리한테도 까칠해. 다른 쏘가리가 다가오면 달려들어 쫓아내. 먹잇감을 두고 쏘가리끼리 싸우기도 해.
잉어만큼 커다란 물고기가 와도 아랑곳하지 않아. 등지느러미에 난 가시를 꼿꼿이 세우고 사납게 덤벼.
쏘가리는 우리나라 강 생태계의 최고 포식자 민물고기야.
5~6월에 어른 무릎에서 허리 정도가 되는 여울 윗목에 알을 낳아.
밤에 돌과 모래가 깔린 바닥에 알을 낳는데, 수정된 알은 6~7일 후에 부화해. 두 달이 지나면 어미와 같은 모습으로 자라고 1년이면 20센티미터, 2년이면 25센티미터로 완전히 자라 알을 낳아.
흔히 볼 수 있는 쏘가리와 달리 드물게 황금색을 띠는 황쏘가리도 있어.
황쏘가리는 우리나라 한강 지역에 주로 서식하는 토종 민물고기야.

황쏘가리야, 안녕!

비늘이 눈부신 황금색이야!

황쏘가리는 쏘가리보다 조금 납작하고, 몸 빛깔이 황금색이야.
쏘가리의 유전자에 돌연변이가 일어나 색소가 결핍된 채 태어나는데
너무 예쁜 황금색이야. 그런데 최근에는 어쩌면 여러 가지 유전자
변이로 특별한 색깔이 나타난 것이 아닐까 추측하기도 해.
황쏘가리의 몸 빛깔은 자연이 만들어 낸 황금색이야. 금붕어와
비단잉어처럼 사람들이 선택하여 만든 색깔과 비교할 수 없을 만큼
아름다워.
안 그래도 희귀종인데 황쏘가리는 그 수가 점점 더 줄어들고 있어.
한강 상류에 댐과 축사가 들어서고 서식지가 파괴돼. 강이 오염되고
블루길, 큰입배스 같은 외래종도 황쏘가리 새끼를 잡아먹어.
1970년부터 천연기념물로 지정해 보호하고 있지만 자연에서 언제
자취를 감출지 몰라. 우리나라에만 서식하는 민물고기가 사라지는 건
그 종이 지구에서 영영 사라진다는 말이야.

천렵도

김득신, 조선 시대, 간송 미술관

ⓒ간송미술문화재단

숭어는 왜 높이 뛰어오를까?

강가 버드나무 아래 사람들이 둘러앉아 있어.
여름인가 봐.
소매와 바지를 둘둘 걷어 올리고 시원한 강가에 앉았어.
무엇을 먹는 거지?
그늘막 앞에 기다란 낚싯대를 드리워 놓은 걸 보니 방금 물고기를
잡았나 봐.
낚싯대 끝에 왜가리들이 내려앉아 물고기를 내려다보고 있어.
한가운데 통통하게 살이 오른 물고기가 접시에 담겨 있어. 방금 전에
찐 것 같아. 한 사람은 젓가락을 뻗어 막 한 점 먹으려는 참이고
그 옆에 있는 사람은 벌써 젓가락을 입에 물고 있어. 무릎을 모으고
뒤로 물러앉은 사람은 벌써 배불리 먹었나 봐.

숭어는 왜 높이 뛰어오를까?

그림 속에 둘러앉은 사람들은 어부일까? 아니면 더운 여름에 시원한 강가로 쉬러 나온 피서객일까?
강가에 단단히 배를 묶어 놓은 걸 보니 어부들인가 봐. 고기잡이를 잠시 멈추고 쉬는 모습이야. 조선 시대의 화가 김득신이 그린 〈천렵도〉인데, 그림이 몹시 즐겁고 정겨워. 어부들의 둘러앉은 자세며 표정이 순박하고 웃음이 절로 나와. 실룩실룩 옷 주름에서마저도 즐거운 기분이 느껴지는걸.
'천렵'이란 옛사람들이 더위를 피하거나 여가를 즐기려고 함께 모여 냇가에서 물고기를 잡으며 하루를 즐기던 놀이를 말해.
그걸 그려서 〈천렵도〉야.
그림 속의 어부들이 방금 잡은 물고기는 뭘까? 잉어? 붕어?
숭어일지도 몰라. 이곳은 아마도 바다가 멀지 않은 강의 하류일 거야.

숭어들은 여름에 강의 하류에서 살다가 겨울에 알을 낳으러 바다로 떠나.

물고기는 알을 낳기 위해 통통하게 살이 올랐을 때 가장 맛있는데 숭어는 10~12월 사이에 산란하기 때문에 여름에 제일 맛이 좋아.
어부들이 강 하구에서 여름에 살이 오른 숭어를 잡아 숭어찜을 많이 해 먹었어. 갓 잡은 숭어로 만든 숭어찜이야. 쩝쩝!

숭어는 몸통이 둥그렇고 기다래.
머리는 눌린 것처럼 납작하고!
얼굴을 마주 보면 웃는 것처럼 보여!

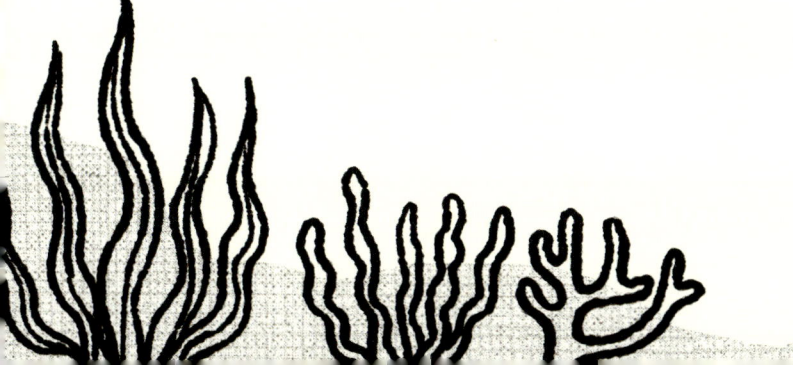

숭어는 무리를 지어 살아.

숭어는 먼바다와 강의 하구를 왔다 갔다 하며 사는 물고기야.

산란기에는 먹이 활동을 중단해. 겨울이 되면 차가운 물에 적응하려고 눈에 노란 기름 눈꺼풀이 덮여.

1년이 안 된 어린 숭어들이 25센티미터 정도 크기로 자라면 겨울에 먼바다로 가서 알을 낳아. 먼바다의 물이 더 따뜻하기 때문이야. 봄이 되면 알에서 깨어난 치어들과 함께 연안의 바다로 떼 지어 몰려와. 다 자라면 몸길이는 120센티미터, 무게가 8킬로그램까지 나가.

숭어는 이름이 100개도 넘어.

모쟁이, 동어, 모치, 글거지, 수어, 굴목숭어, 게걸숭어, 살치, 뚝다리, 모그래기, 모대미, 애정어, 무근정어, 애사슬, 무근사슬, 패, 미렁이, 접푸리, 나무레기, 덜미, 준거리, 댕기리, 목시락…… 크기에 따라 지역에 따라 별명이 가지가지야.

어떤 곳에서는 어린 숭어를 '눈부럽떼기'라고 부르는데, 크기가 너무 작아서 '너도 숭어냐?' 했더니 녀석이 화가 나서 눈에 힘을 주고 부릅떠서 눈부럽떼기라는 거야.

하하, 클수록 이름이 달라진다고 이름이 또 '출세어'야!

숭어는 잡식성이야. 플랑크톤, 작은 어류, 물풀을 가리지 않고 먹어. 넓적한 머리로 바닥의 먹이를 긁어 먹어.

숭어는 이빨이 퇴화했어!
숭어들이 머리를 아래로 처박고 주둥이로 강바닥이나 해저의 진흙을 파헤쳐 유기물과 해조류를 진흙과 함께 삼켜. 진흙 곤죽을 삼킨 다음 위장에서 영양분은 흡수하고 펄을 모래주머니에 모아 버려.

숭어는 물 위로
솟구쳐 오르는 습성이 있어.
빠르게 헤엄치다 꼬리지느러미로
물을 치며 높이 뛰어올라.
물 위로 뛰어오르기 명수야!

'숭어가 뛰니 망둥이도 뛴다'는 속담이 생겨났을 만큼 오래전부터 사람들이 숭어 떼가 뛰는 걸 본 게 틀림없어.
숭어가 뛰는 걸 본 적 있어?
햇살이 눈부신 날, 얕은 바다에 밀물이 들어오면 숭어들이 뛰어!
한 마리가 뛰고, 또 한 마리가 뛰어.
여기저기에서 숭어들이 서로 높이뛰기 실력을 겨루기라도 하듯 펄쩍펄쩍 뛰어올라. 한 시간, 두 시간을 지칠 줄 모르고 계속 계속, 즐거워 죽겠다는 듯이!

숭어는 왜 수면 위로 뛰어오를까?

학자들도 숭어가 뛰는 이유가 궁금해서 여러 가지 가설을 내놓았어.
옛날에는 천적인 농어를 피해 펄쩍펄쩍 뛰는 것이라고 생각했어.
어떤 학자는 특별한 의미가 없다고 주장했어. 숭어가 그저 놀이를
하는 것이라고 말이야. 어떤 학자는 기생충을 떨어뜨리는 행동이라고
추측했어.
숭어들이 왜 뛰어오를까? 혹시 물속에 산소가 부족해서 그런 게
아닐까?
어떤 학자는 물속에 녹아 있는 산소가 부족할 때 숭어가 공기로
호흡하기 위해 뛰어오른다는 가설을 세우고 실험을 했어.
물의 온도가 20도가 넘고, 하루 중 온도가 가장 높은 오후에는 물속의
산소 농도가 낮아져. 그럴 때, 숭어가 가장 많이 물 밖으로 뛰어오르는
걸 관찰했어.
누구의 말이 맞을까? 모두가 틀렸다고?
숭어만이 알 거야.
우리는 아직도 물고기에 대해 모르는 게 너무 많아!

가족 초상화
아서 데비스, 1749년, 예일 영국 미술관

호수에 어떻게 물고기가 살게 되었을까?

찰칵!
마치 카메라 앞에 앉은 것처럼 한 가족이 화가 앞에 앉아 있어.
낚시를 하러 호수에 나왔나 봐.
호수와 대 영지를 소유한 귀족일까? 오른쪽에 낚싯대를 들고 나무 앞에 앉아 있는 신사가 가문을 대표하는 높은 귀족쯤 돼 보여.
맞은편에 나머지 가족들이 단란하게 앉아 있어. 젊은 남자는 책을 펼쳐들고 남자아이는 낚싯대를 들고 있어. 1749년에 영국의 초상화가 아서 데비스가 그린 〈가족 초상화〉라는 그림이야. 화가가 그림을 다 그릴 때까지 어떻게 이렇게 앉아 있을 수 있을까?
낚싯대를 치켜든 남자아이를 좀 봐. 팔과 다리가 호수 쪽으로 내달려.
'얼른 낚시를 하고 싶다.'고 말하는 것 같아.

호수에 어떻게 물고기가 살게 되었을까?

호숫가에 잡아 놓은 물고기와 어망이 놓여 있어. 방금 호수에서 건져 올린 것 같아.

무슨 물고기일까? 호수에는 어떤 물고기가 살까?

호수는 육지에 고인 물이야! 먼 옛날 빙하와 화산이 호수를 만들었어. 땅이 갈라져 틈이 벌어진 곳에 호수가 생기기도 하고 강의 물길이 끊어지고 바뀌어 호수를 만들기도 해.

지구에는 자연이 만든 거대한 호수가 많아. 우리나라는 땅이 좁고 산이 많아서 자연적으로 생겨난 호수는 많지 않아. 농사를 짓기 위해 물을 가두어 놓은 저수지와 인공 댐이 더 많아.

호수에 어떻게 물고기가 살게 되었을까? 지금은 물길이 끊겨 덩그러니 호수가 되었어도 먼 옛날에는 바다나 강줄기와 연결되어 있었을지 몰라. 호수에 갇힌 물고기들이 새로운 환경에 적응하여 살아남았어. 하지만 한 번도 물길과 연결된 적이 없었던 외딴 호수에도 물고기가 살아.

외딴 호수에 어떻게 물고기가 살게 되었을까?

물고기가 비와 함께 하늘에서 떨어져 내려! 하하, 사람들이 옛날에 정말로 그렇게 생각했다는 거야. 세찬 비바람에 개구리도 날아가는 것을 보고 말이야.

호수의 물고기들이 정말 어디에서 왔을까?

학자들은 물새가 물고기의 알을 옮겼을 것이라고 추측하기도 해.

물고기의 알이 물새의 부리와 다리, 깃털에 붙어서 호수까지 날아왔을지 몰라.

찰스 다윈이 말하길, 물고기의 알은 잠시 동안 수분이 없어도 생존할 수 있는데 우연한 기회에 다른 장소로 옮겨지기 쉽다는 거야.

호수와 저수지, 늪가에는 식물이 많이 자라. 물풀이 자라고 물 위에 개구리밥이 둥둥……. 물고기가 살기 좋은 곳이야.

호수와 늪가에 물수세미, 붕어마름 같은 물풀이 수북이 자라고 광합성을 해. 물을 정화하고 산소를 내뿜어.

물속 곤충들도 물풀에 숨어 살아. 플랑크톤, 장구벌레, 실지렁이, 잠자리 애벌레가 많아서 작은 물고기의 먹이가 풍부해. 참붕어, 송사리 떼가 물풀 사이를 헤엄쳐 다녀.

바닥에는 동사리, 메기 같은 물고기가 숨어 있어. 붕어, 잉어 같은 커다란 물고기도 어슬렁어슬렁 헤엄을 쳐.

붕어와 참붕어는 사는 곳도 이름도 비슷하지만 서로 다른 종이야.
둘 다 물살이 느리고 고인 물에 살지만 모양도 크기도 달라. 붕어는
크고 납작한데 참붕어는 몸집이 작고 길쭉해.
댐이나 저수지에는 블루길과 큰입배스가 살아. 블루길은 '파란
아가미'란 뜻이야. 원래는 북아메리카의 물고기인데 지금은 전
세계에 퍼져서 살아. 1969년에 우리나라에도 시험 양식용으로 들여와
한강의 팔당 댐에 풀어놓았는데, 지금은 전국에 퍼져서 살고 있어.
먹성이 좋고 천적이 없어서 토종 물고기를 몰아내고 있어. 블루길과
큰입배스는 불명예스럽게도 '생태계교란 생물' 종이 되고 말았어.
송사리도 민물에서 흔히 볼 수 있는 물고기야. 얕은 호수, 늪, 저수지,
논도랑 같은 작은 웅덩이에도 살아.
송사리는 우리나라에 사는 민물고기 중에 가장 작아. 너의
새끼손가락보다도 작을걸.

**송사리는 입을 위쪽으로 향하고
수면 가까이에서 헤엄쳐.
물에 떠 있는 장구벌레를 아주 잘 먹어!**

장구벌레는 바로 바로 모기의 유충이야. 송사리가 사는 못에는
모기가 별로 안 생겨!

저수지 바닥에는 동사리와 메기가 살아. 동사리는 우리나라에만 사는 고유종이야. 냇물과 강, 저수지에 살아. 바닥의 돌 밑이나 물풀이 수북한 곳을 좋아해. 텃세를 심하게 부리고 혼자 살아. 다른 동사리가 와도 사납게 쫓아 버려! 바닥에 있으면 돌멩이인지 동사리인지 모를 정도로 몸 빛깔이 얼룩덜룩 거무튀튀한 돌멩이를 닮았어. 동사리는 낮에 돌 밑에 숨어 있다가 밤에 나와 어슬렁어슬렁 헤엄쳐. 움직이는 것이면 무엇이든 잽싸게 덥석 물어!

저수지 바닥에 숨어 있으면 감쪽같은 녀석이 또 있어. 바로 바로 메기야.

메기는 바닥에 진흙이 깔린 곳을 좋아해. 온몸에 얼룩덜룩 풀색 무늬가 있어서 바닥에 배를 깔고 숨으면 감쪽같아.

메기는 덩치가 커!

입이 커다랗고 입가에는 기다란 수염이 두 쌍 있어. 기다란 수염으로 먹이를 더듬어 찾아. 지렁이, 물고기, 거머리를 먹는데 커다란 입으로 개구리를 한입에 꿀꺽해!

강 풍경
얀 반 호이엔, 1650년, 개인 소장

강물과 바닷물이 섞이는 곳에 물고기가 모여들어

이 그림의 제목은 〈강 풍경〉이야.
저녁에 사람을 가득 실은 배가 분주하게 강둑으로 들어오고 있어.
아름다운 강변 마을의 저녁 풍경이야. 강물과 구름에 반사된
저녁노을 빛깔이 기가 막혀.
아직 파란 위쪽 하늘에 노을에 물든 구름이 두둥실 떠 있어.
아래쪽 하늘에 내려앉은 구름 좀 봐. 강물인지 구름인지 구분이 가지
않을 만큼 온통 노을에 물들었어!
화가는 물감과 붓으로 어떻게 이런 빛을 낼까?
땅거미가 지고 있어서 그림의 앞쪽은 벌써 어둑어둑해. 멀리 수평선
너머 높은 하늘은 노을빛이 구름에 반사되어 아직도 환해.
누가 그렸을까?

이 그림은 1650년에 네덜란드의 위대한 풍경화가 얀 반 호이엔이 그렸어.

앞쪽에 배가 한 척 있고 어두컴컴한 울창한 나무들 사이로 초막들이 보여. 강 저편 멀리에도 풍차와 집들이 늘어서 있어.

얀 반 호이엔은 녹색과 갈색 느낌의 차분하고 신비한 색만으로 오래전 네덜란드의 풍경을 실감나게 그렸어.

그리고 아주 많이 그렸어. 얀 반 호이엔이 스튜디오를 열어 제자들과 그린 풍경화가 자그마치 1,200점이라는 거야!

1600년대 네덜란드 마을의 풍경을 어찌나 잘 그려 놓았는지, 사람들이 지금도 그림 속의 마을을 알아볼 수 있을 정도야.

얀 반 호이엔의 그림을 보고 있으면, 시간을 넘어 공간을 넘어 바로 지금 우리 눈앞에 풍경이 펼쳐져. 1650년 네덜란드의 어느 강변 어촌 마을로 여행을 온 것 같아.

저기 좀 봐. 사람들을 가득 싣고 배가 강둑으로 들어오고 있어!

무슨 배일까?

하루 일을 마치고 사람들이 배를 타고 집으로 돌아가나 봐.

이곳은 강의 어귀야. 강물이 흘러 흘러 바다로 들어가는 곳!

머나먼 산과 들에서 시내와 계곡물이 내려와 강의 하구에 모여.

하구로 갈수록 폭이 점점 넓어지고, 물이 느릿느릿 흘러.

강어귀에서 강물이 바닷물과 섞여. 바닷물이 강물과 섞여.

밀물 때는 바닷물이 들어와 염분의 농도가 높아져. 썰물 때는
바닷물이 빠져 염분의 농도가 낮아져. 학자들이 기수역이라 부르는
곳이야. 염분 농도가 다른 물이 만나 몽실몽실 섞이는 것이 마치 김이
나는 것 같다고 기수역이야. 어쩐지 기차역의 이름 같기도 해.
하하, 그러고 보니 물고기들의 역이지 뭐야. 강물과 바닷물이 섞이는
곳에 물고기가 모여들어!

바닷물과 민물을 오가며 사는 물고기들이 기수역으로 와.

바닷물고기가 민물로 오고, 민물고기가 바닷물로 가는 길목이야.
알을 낳거나 먹이를 찾기 위해 이동하는 뱀장어나 연어 같은
물고기를 회유성 어류라고 해. 뱀장어는 먼바다로 알을 낳으러 가기
전에 이곳에 머물러. 연어는 알을 낳으러 강으로 올라가기 전에
이곳에 머물며 민물에 적응해. 숭어 떼도 기수역으로 와. 강에서
살다가 먼바다로 알을 낳으러 가는 길에 말이야.
기수역의 바닥에는 개흙과 모래가 깔려 있어. 갯지렁이, 실지렁이,
깔따구 유충, 모기 유충이 많이 살아.
물고기의 먹이가 풍부해!

황어는 바다에서 살다가 이른 봄에 알을 낳으러 강을 거슬러 올라.
산란기가 되면 암컷과 수컷 모두 몸통과 지느러미에 불그스름하고
노란 띠가 여러 개 나타나. 누런 물고기라고 '황어'야. 물고기 알,
새우, 조개, 물풀, 풀씨, 치어 아무것이나 먹어. 잡식성이야.
떼 지어 강을 거슬러 여울의 모랫바닥에 알을 낳고 죽어.

송어는 바다에서 살다가 여름에 강으로 올라와. 짝짓기를 하는 가을에 울긋불긋 몸 색깔이 변해.

수컷이 온몸을 푸덕이며 자갈밭에 구덩이를 만들면 암컷이 알을
낳아. 자갈로 덮고 두세 번 더 알을 낳아. 어미는 알을 낳고 모두 죽어.
알에서 나온 새끼들은 2년쯤 강에서 살다가 바다로 가.
연어는 가을에 강어귀로 몰려와. 차가운 먼바다에서 떼로 헤엄쳐
다니며 새우, 작은 물고기를 잡아먹다가 알을 낳을 때가 되면
아무것도 먹지 않고 강을 거슬러 올라. 물 위로 3~5미터까지 펄쩍펄쩍
오르며 폭포를 뛰어넘기도 해. 강의 상류까지 올라가 알을 낳고 죽어.
알에서 나온 새끼는 물벼룩, 작은 물벌레를 잡아먹으며 5~7센티미터
크기로 자라. 봄에 바다로 내려가는데 바다로 가는 어린 연어들이
은빛으로 반짝반짝 빛나.

연어는 바다로 나가 3~5년 동안 살아. 알을 낳을 때가 되면 어미가
그랬던 것처럼 태어난 강으로 다시 돌아와.
연어가 어떻게 강을 찾는 걸까?

연어는
어미가 자기를 낳아 준
강의 냄새를 기억해!

알에서 깨어났을 때의 물맛, 물 아래 진흙 속 광물질의 냄새,
그 물속에 살던 동식물의 냄새를 좇아 연어들이 수백 킬로미터를
헤엄쳐 와. 자기가 태어난 강물이 수백만 분의 일로 묽어져도 그
냄새를 쫓을 수 있어. 바다를 헤엄쳐 냄새가 점점 더 강렬해지는
곳으로, 강어귀로, 자기가 태어난 냇물의 상류까지 거슬러 올라가.

그르넬의 센강
폴 시냐크, 1899년, 개인 소장
© Bridgeman Images - GNC media, Seoul, 2022

강의 상류와 하류에 어떤 물고기가 살까?

파리의 센강이야!
지금부터 100여 년 전 파리의 모습이야. 멀리 안개 속에 에펠 탑이
솟아 있어. 강을 가로지르는 다리도 보여. 강 건너편에는 이제 막
생겨난 현대식 공장들에서 굴뚝 연기가 피어올라.
바람이 오른쪽에서 왼쪽으로 불고 있어. 꼬불꼬불 리드미컬한 굴뚝의
연기마저도 놀랍도록 아름답게 보여.
강에는 크고 작은 배들이 한가로이 떠 있어. 유람선도 지나고 있어.
강둑에서는 사람들이 낚시를 즐기는 중이야!
1899년에 프랑스의 화가 폴 시냐크가 그린 〈그르넬의 센강〉이라는
그림이야.
그림이 몹시 독특해!

물감으로 슥슥 칠하지 않고 캔버스 가득 톡톡 톡톡 점을 찍었어!
이런 그림을 점묘화라고 불러. 프리즘을 통과한 빛처럼, 색깔을 낱낱이 분해한 다음 팔레트에서 섞지 않고 색점들을 그저 캔버스에 찍어. 원색의 색점들이 관람색의 눈 속에서 섞여서, 비로소 아름다운 색의 그림이 돼.
색깔로 점을 찍어.
그림을 그려!
〈그르넬의 센강〉도 그렇게 탄생했어. 점을 찍었을 뿐인데 일렁일렁 강물이 움직여. 연기가 흘러가. 휘어진 낚싯줄 끝에서 방금이라도 물고기가 튀어 오를 것만 같아!

강의 상류와 하류에 어떤 물고기가 살까?

강물은 높고 머나먼 산에서 맨 처음 출발해. 산골짜기는 숲이 우거지고 커다란 바위가 많아. 바위가 많은 깊은 계곡으로 물살이 빠르게 흘러.
산골짜기 계곡물에는 수질 I급수에만 서식하는 물고기가 살아.
물살이 빠르고 먹잇감이 많지 않아서 강의 최상류에 사는 물고기의 종류는 그렇게 많지 않아.

산골짜기의 맑고 차가운 물에 사는 **열목어**야.
제일 좋아하는 먹이는 물속에 사는 곤충이야.

멸종위기 야생생물 II급이야.
한강과 낙동강의 최상류 열목어 서식지를
천연기념물로 지정해 보호하고 있어.

강의 상류와 하류에 어떤 물고기가 살까?

탁 트인 바다와 달리, 육지의 민물은 지형을 따라 나라마다 강마다 뚝 떨어진 환경이어서 오랫동안 그곳에만 적응한 물고기들이 살고 있어. 열목어는 시베리아, 만주, 북한, 우리나라에 서식하는데 빙하 시대의 지표 생물이야. 한반도까지 빙하 시대였다는 것을 알게 해 주는 물고기 종이야.

산골짜기를 내려오면 구불구불 아래로 흐르는 물줄기가 모여 여울이 돼. 얕아도 물살이 빨라.

여울에 사는 물고기들은
재빠르고 민첩해.
돌 틈에도 잘 숨어.

우리나라에만 사는 고유종 민물고기가 대부분 강의 중상류 여울에 살아. 쉬리, 어름치, 퉁가리, 배가사리, 새코미꾸리, 꺽지, 감돌고기, 돌상어, 미호종개, 왕종개, 꾸구리…… 이름도 예쁜 물고기들이 살고 있어. 바위에 붙어 자라는 여러 가지 조류나 물속에 떠다니는 동물성 플랑크톤을 먹어. 나뭇잎 밑이나 돌 틈을 헤집고 다니며 물속에 사는 곤충의 애벌레나 물벌레, 옆새우, 작은 물고기를 잡아먹기도 해.

조심해!

물새들이 맑은 강물을 들여다보며 호시탐탐 노리고 있어!

돌상어

배가사리

꺽지

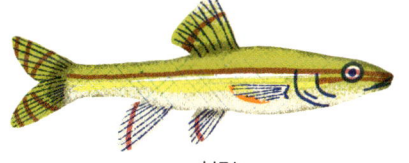
쉬리

꾸구리

퉁가리

우리나라에 사는
고유한 민물고기야.

미호종개

여울을 지나 냇물을 지나 드디어 강물이 탁 트인 너른 들판을
가로질러 드넓은 바다로 가.
아래로 아래로 내려갈수록 강폭이 점점 넓어지고, 깊어지고, 물살은
천천히 느릿느릿 흘러. 바닥에는 돌과 자갈 대신 모래와 진흙이 깔려
있어.
〈그르넬의 센강〉 속에 나오는 센강이 바로 그런 강이야. 센강은
프랑스와 영국 사이에 있는 영불 해협으로 나가. 우리나라의 서울을
가로지르는 한강은 서해로 가는 거대한 강이야.
바다로 가까워지는 너른 강물은 물살이 느리고 탁해. 햇볕이 잘 들지
않고 물속에 산소가 부족해. 강물은 넓고 깊지만 물고기 종류가 많지
않아.

한강 하류에는
모래무지, 누치, 가시납지리 같은
많은 물고기가 살아.

잉어목 잉어과의 모래무지는 모래가 있는 맑은 물에 살아. 몸이
가늘고 원통형으로 홀쭉해. 모래 속에 숨어 있다가 강바닥에 사는
곤충이나 작은 동물을 잡아먹어. 강바닥에서 모래와 함께 먹이를
삼키는데 모래 속에 섞여 있는 유기물과 곤충, 작은 동물을 걸러 먹고

모래는 아가미구멍으로 내보내.

누치는 모래나 자갈이 깔린 바닥에서 무리지어 살아. 눈치, 눕치, 저뀌 또는 대갈장군이라고도 불려. 입술이 두껍고 입가에 수염이 한 쌍 있어. 다 자라면 50센티미터까지 자라. 물속에 사는 곤충들의 애벌레, 새우, 실지렁이, 다슬기, 바위에 붙은 조류를 먹어.

가시납지리는 우리나라 고유종이야. 등 지느러미에 가시가 있다고 가시납지리야. 이름처럼 몸통이 납작해. 물살이 느리고 탁한 중하류의 뻘 바닥에 살아. 진흙 속에서 작은 물벌레를 찾아 먹고 물 위에 떠다니는 작은 물풀을 먹어.

공장 폐수와 도시의 생활 하수로 강물이 점점 오염되고 있어. 한강의 물고기들이 떼죽음을 당하고 기형 물고기가 태어나. 눈이 튀어나오고 등이 굽은 물고기, 심지어 아가미가 없는 채로 태어나는 물고기도 있어!

생트 마리 드 라 메르 해변의
고기잡이 배
반 고흐, 1888년, 반 고흐 미술관

물고기가 어떻게 숨을 쉴까?

반 고흐의 그림을 본 적 있어? 사진이나 엽서 말고, 반 고흐가 캔버스에 직접 그린 그림 한 점!

반 고흐의 그림 앞에는 진짜로 서 있어 보아야 해. 가까이에서도 보고 뒤로 물러나서도 보고…… 반 고흐가 팔레트에 만들고 캔버스에 옮긴 진짜 진짜 색을 보아야 한다니까!

왜냐고? 반 고흐의 색깔 앞에 서 보면 알아.

미술관에 왔다고 상상하고 반 고흐의 그림을 보기로 해.

파도치는 황량한 바닷가 모래톱에 고기잡이 배 네 척이 박혀 있어.

바다에도 배가 떠 있어. 하얀 돛을 단 배 두 척, 그리고 더 멀리에 돛을 단 두 척의 배가 나란히 달리고 있어. 이른 아침에 고기잡이를 떠나는 배들이야.

하늘 색깔을 좀 봐!

반 고흐만이 그릴 수 있었던 하늘이야.

1888년 6월에 반 고흐는 역마차를 타고 프랑스 남부 해변의 작은 어촌 마을로 여행을 왔어. 작은 마을에 단 5일 동안 머물렀을 뿐인데 집과 교회, 거리, 바다와 해변을 십여 편의 그림으로 그렸어.

이 그림도 그중의 하나야.

사람은 없고 알록달록 네 척의 배만이 덩그러니 해변에 있어. 배들 위에 기다란 노가 높게 매달려 있어. 바닥이 평평하고, 어부들이 다루기 쉬웠던 가볍고 작은 배인데 노를 저어 움직였어. 그 무렵에 마을 사람들이 흔히 쓰던 고기잡이 배야.

마을 사람들이 배를 타고 고기잡이를 나가기 전 이른 새벽에 반 고흐는 해변에 나와 그림을 그렸어. 반 고흐가 여행한 생트 마리 드 라 메르 해변에 가면 반 고흐의 그림 속 배가 그대로 복원되어 있어.

조그만 배를 타고 어부들은 무슨 고기를 잡았을까?

배가 작은 걸 보니 그리 먼바다로 나가지는 못할 거야. 근처의 얕은 바다에서 고기를 잡는 배인 것 같아.

가까운 바다에는 물고기들이 떼로 몰려 살아. 수심이 200미터를 넘지 않고 햇볕도 잘 들어서 식물성 플랑크톤과 해초들이 자라. 모래와 진흙이 쌓인 바다 밑바닥에도 조개와 갑각류, 갯지렁이가 살고 먹이가 풍부해서 다양한 물고기가 살고 있어.

고등어

우리는 육지와 가까운
바다에서 살아.
따뜻한 바다를 좋아해.

멸치

방어

삼치

물고기가 어떻게 숨을 쉴까?

고등어는 따뜻한 물을 좋아해. 우리나라 바다 어디에나 오고 태평양, 대서양, 인도양 온대와 아열대 바다에 살아. 따뜻한 물을 찾아 철따라 떼로 몰려다녀. 고등어를 쫓아 먼바다에서 다랑어나 돛새치가 따라오기도 해.

멸치는 따뜻한 바다를 따라 떼로 몰려다니는 물고기야. 봄에 따뜻한 바닷가에서 알을 낳아. 알에서 깨어난 새끼들이 바닷가에 떼로 몰려다녀. 입을 크게 벌리고 헤엄치면서 플랑크톤을 먹고 자라. 고등어와 방어가 멸치 떼를 쫓아다니며 잡아먹어!

방어는 바닷가 가까이 얕은 물에서 살아. 빠르게 헤엄을 잘 쳐. 수심 20미터쯤에서 살고 밤에 고등어와 정어리, 오징어를 잡아먹어.

멸치와 정어리는 다른 물고기들에게 풍족한 먹잇감이야. '바다의 쌀'이라고 불렸던 정어리는 조그만 크기에 비해 단백질과 지방이 풍부해서 사람들도 많이 잡아. 따뜻한 바다를 따라 떼를 지어 몰려다니는데, 어마아마한 정어리 떼가 엄청난 규모로 나타났다가 또 사라지곤 해.

**정어리 떼를 고등어 떼가 쫓고,
고등어 떼를 다랑어 떼가 쫓아!**

헉헉! 숨이 차지 않을까?

물고기들은 물속에서 어떻게 숨을 쉴까? 물고기에게 콧구멍이 있을까? 하하, 물고기의 콧구멍을 본 적 있어?

물고기도 콧구멍이 있어. 콧구멍이 1개 있기도 하고, 2개 있기도 하고 어떤 물고기는 콧구멍이 4개야.

물고기를 보면 물고기의 콧구멍이 어디에 있는지 찾아봐!

하지만 물고기들은 콧구멍으로 숨을 쉬지 않아. 콧구멍으로는 냄새를 맡아. 멀리서 나는 냄새도 아주 잘 맡는걸.

물고기는 코로 숨을 쉬지 않고 아가미로 호흡해!

**물속은 공기 중보다 산소가 20배 적어.
산소가 그렇게 부족한데
물고기가 어떻게 숨을 쉴 수 있는 걸까?
바로 바로 아가미에 비밀이 있어!**

물속에 조금 녹아 있는 산소를 마셔야 하기 때문에 물고기는 입으로 계속 물을 마셔. 그럼 배가 터져 죽지 않을까? 걱정 마. 입으로 들어온 물은 아가미를 통해 다시 밖으로 나가. 바로 그때야. 아가미의 새엽이라는 곳에서 산소를 낚아채!

물고기는 숨을 쉬려고 입을 뻐끔뻐끔해. 입을 벌릴 때 아가미뚜껑이 닫히고, 입을 다물면 아가미뚜껑이 열려!
뼈가 단단한 물고기 종류는 모두 아가미뚜껑이 있어. 아가미뚜껑을 열었다 닫았다 하며 아가미로 들어오는 물의 양을 조절해.

뼈가 물렁물렁한 물고기는 아가미뚜껑이 없어.

상어는 아가미뚜껑이 없어. 아가미로 들어오는 물의 양을 스스로 조절할 수 없어. 숨을 쉬려고 이빨을 드러낸 채 언제나 입을 벌리고 헤엄쳐야 해. 하하, 무섭게 보이려고 그런 게 아니야!
대부분의 물고기가 단단한 뼈를 갖고 있는데 상어와 홍어, 가오리는 뼈가 물렁물렁해. 뼈가 물렁물렁하다고 연골어류야.
지구에 연골어류가 먼저 있었을까? 경골어류가 먼저 있었을까? 연골어류는 물고기 중에 가장 나중에 출현했어! 연골어류는 왜 단단한 뼈 대신 물렁물렁한 뼈를 택했을까? 뼈가 물렁물렁하면 뭐가 좋을까? 크기가 같아도 무게가 훨씬 가벼워져서 유연하게 헤엄칠 수 있어. 턱이 단단한 뼈로 되어 있지 않아서 입을 훨씬 크게 벌릴 수 있고 먹잇감을 삼키기에 유리해!

우리는
뼈가 물렁물렁해!

뼈가 물렁물렁한 물고기는 깊은 물속에서도 물의 압력을 적게 받아. 심해 상어는 수심 2,000미터 아래까지 내려갈 수 있어. 하지만 상어는 물속에 느긋하게 멈춰서 떠 있을 수가 없어. 부레가 없기 때문이야. 뼈가 물렁물렁한 물고기는 부레가 없어. 물속에 가라앉지 않으려면 끊임없이 움직여 헤엄을 쳐야만 해. 에너지 소모가 엄청 많아.

가오리와 홍어는 힘겹게 헤엄을 치는 대신 바닥으로 내려가 사는 전략을 택했어.

가오리와 홍어는 몸이 넓적하게 변해 바다 밑에서 살아. 거의 헤엄칠 필요가 없어서 꼬리 근육이 퇴화해 회초리처럼 변했어. 모래 속에 몸을 파묻고 먹이를 기다려!

푸르빌의 어망
클로드 모네, 1882년, 헤이그 미술관

인류는 언제부터 물고기를 잡았을까?

드디어 모네야!
사람들의 그림 보는 눈을 단번에 바꿔 버린 인상파 그림의 창시자
클로드 모네가 그렸어.
하늘에 새하얀 구름이 넘실넘실, 바다에 새하얀 파도가 넘실넘실,
고기를 잡으려 쳐 놓은 어망이 하늘하늘 여인의 드레스 같아!
〈푸르빌의 어망〉이라는 그림이야.
어망을 받치는 가느다란 말뚝이 파도에 쓰러질까 조마조마해. 투명한
그물 사이로 바다와 산과 하늘이 보여. 어망이 풍경에 스며들고
풍경이 어망에 스며들어.
프랑스 남부의 노르망디 바닷가, 바람 부는 푸르빌 해변의 저녁
풍경이야.

그림에는 안 보이지만 그림의 오른쪽에 지는 해가 빛나고 있는 게 틀림없어. 불그스름한 노을빛이 슬쩍슬쩍 구름에, 어망에, 솟구치는 파도에 비쳐.

모네는 자연의 빛과 색채를 좇아 캔버스를 들고 화실을 박차고 나갔어. 감히 움직이는 빛과 공기를 캔버스에 담으려고 말이야!

자연에서 빛은 시시때때로 변해.

자연의 빛을 어떻게 순간 포착할까? 공기의 진동을 어떻게 포착할까? 모네의 그림은 선이 섬세하고 매끄럽지 않고 거친 붓 자국이 그대로 드러나 있어! 빛과 공기의 떨림을 순간 포착하기 위해 모네는 팔레트에서 색을 섞지 않고 튜브에서 짜낸 순수한 색을 그대로 칠하거나 대비 색을 나란히 칠했어. 관객의 눈으로 스스로 색을 혼합하도록!

모네는 항구에서 해가 떠오르는 장면을 그렇게 그렸어.

〈인상, 해돋이〉라는 그림을 들고 전시회에 나갔을 때 비평가들이 조롱하며 '인상주의'라고 비웃었어. 그 뒤로 모네를 따른 화파를 '인상파'라 부르게 되었다는 거야. 하하, 비평가들이 새로운 그림을 함부로 조롱하면 미술의 역사엔 새로운 화파가 생겨!

〈푸르빌의 어망〉을 봐.

거뭇거뭇 바위들과 파도, 구름과 하늘에 화가가 어떻게 붓질을 해 나갔을지 상상해.

모네는 노르망디의 바닷가로 여러 번 여행을 떠났어. 모네는 이곳을
배경으로 그림을 90점이나 그렸어. 〈푸르빌의 어망〉도 그중의
하나야.
푸르빌은 사람들이 바다에서 고기잡이를 하며 살아가던 작은 어촌
마을이야.

인류는
언제부터 물고기를 잡았을까?
어떻게 잡았을까?

머나먼 석기 시대부터 사람들은 물고기를 잡았어. 어쩌면 물새가
물고기를 잡아먹는 걸 보거나 곰이 연어를 먹는 걸 보았을
때부터인지 몰라.
처음에는 맨손으로 얕은 물에 퍼덕이던 물고기를 잡았을 거야.
그러다가 차츰차츰 도구를 사용하게 되었어. 석기 시대의 유적지에서
뼈나 뿔로 만들어진 찌르개와 작살, 낚시가 발견되었어. 훗날에는
그물로 고기를 잡기 시작했어. 그물을 이용하면 한꺼번에 많은
물고기를 잡을 수 있었어. 배를 타고 나가 물고기를 잡기도 했어.
방어와 상어처럼 커다란 물고기는 찌르개와 작살로, 명태와
가자미처럼 깊은 물속에 사는 물고기는 그물로 잡아.

먼먼 원시 시대의 고기잡이 방식이 발전해서 19세기까지도 그대로
쓰였어. 투망, 자망, 후릿그물…… 그물의 종류도 다양해.
투망은 위는 좁고 아래는 넓게 퍼지는 그물이야. 아래쪽에 납이나
쇠로 된 무거운 추를 달아. 그물을 던지면 넓게 퍼지면서 물속으로
가라앉아. 들어 올릴 땐 위쪽을 당겨서 모아. 안에 물고기가 갇혀
있어!
자망은 걸그물이야. 물고기가 지나는 길목에 쳐 놓고 시간이 지난 뒤
물고기를 거둬들여. 그물코에 물고기의 아가미가 걸리기를
기다리는데 물고기의 종류에 따라 그물코의 크기를 달리 해. 그물을
한곳에 고정시켜 놓기도 하고 배를 타고 나가 던졌다가 해안가로
끌고 나오기도 해. 멸치 같은 작은 물고기나 숭어 같은 큰 물고기도
자망에 걸려들어.

후릿그물은 물속에 그물을 넓게 둘러치고 양쪽 끝을 끌어당겨 물고기를 가두어 잡는 방법이야.

그물 아래쪽에 돌로 추를 매달고 그물 위쪽에는 가라앉지 않게
부구를 매달아. 어부들이 수영을 하거나 배를 타고 얕은 바다에 나가
바닥에 고정시키고 그물 안으로 물고기를 몰아넣어.

배 두 척이 양쪽에서
그물을 끌어 고기를 싹 쓸어 담아.

후릿그물을 이용하면 한꺼번에 많은 물고기를 잡을 수 있었어.
처음에는 사람이 후릿그물을 끌었지만 나중에는 배를 이용해
후릿그물을 끌었어. 두 척의 배가 양 끝에서 그물의 한쪽씩을
잡아당기는 거야!
어부들은 큰 뗏목이나 배를 타고 더 깊은 바다로 나갔어.
13~14세기에 벌써 먼바다로 나가 대형 후릿그물로 청어와 대구,
참다랑어를 잡아들였는데, 그 수가 어찌나 많았던지 차츰차츰
바다에서 잡히는 물고기의 수가 줄어들기 시작했어.
후릿그물은 점점 더 커지고 강력해졌어. 후릿그물을 끄는 배가
돛단배에서 증기선으로, 디젤 엔진으로 바뀌어 가자 바다는 점점
사막이 되어 갔어. 대형 후릿그물이 저인망 어업으로 발전했기
때문이야.
저인망 어업은 그물의 아래 깃이 해저에 닿게 한 다음, 양쪽에서 수평
방향으로 끌어 해저에 사는 물고기를 싹쓸이 하듯이 잡는 방법이야.
자그마치 100킬로미터의 그물에 3만 개의 낚싯바늘을 달아 놓은
배도 있어. 해저를 샅샅이 긁어내 무척추동물과 치어까지 함께
걸려들어. 바다가 점점 황폐해지고 있어.
우리나라에서는 불법으로 저인망 어구를 달고 고기를 잡는 배들을
단속하고 있어.

고기잡이(단원풍속도첩)
김홍도, 조선 시대, 보물, 국립중앙박물관

옛날에는 어살로 물고기를 잡았어

이건 공책만 한 조그만 그림이야.
조선 시대 화가 김홍도의 〈풍속도첩〉에 실려 있어. 〈풍속도첩〉이란 말 그대로 조선 시대의 풍속도가 실려 있는 그림책이야. 하하, 화가가 직접 종이에 먹과 붓으로 그려서 단 한 권밖에 없어!
국립중앙박물관에 가면 세상에 한 권밖에 없는 천재 화가의 그림책을 봐.
그림책에 서당, 활쏘기, 씨름, 행상, 무동, 기와이기, 대장간, 나룻배, 주막, 윷놀이, 빨래터, 우물가, 자리 짜기, 타작, 그림 감상, 길쌈, 편자 박기, 새참, 장터 길, 신행 같은 조선 시대의 생활 모습이 그려져 있어.
제목만 봐도 알 수 있어. 화가가 그림 속에 무엇을 담고 싶어 했는지!

도첩에는 임금님도 아니고 양반도 아니고, 마을에서 평범하게 살아가는 보통 사람들의 소박한 일상이 담겨 있어.

김홍도는 20세쯤에 궁궐에 들어가 도화서 화원이 되었어. 도화서는 사진이 없던 시대에 나라의 큰 행사들을 그림으로 기록하던 관청이야. 김홍도는 도화서 화원이 되어 영조와 정조의 초상화를 그렸어. 정조가 사도 세자의 능으로 행차할 때는 그 광경을 낱낱이 그림으로 그려, 〈원행을묘정리의궤〉라는 위대한 기록으로 남기기도 했어.

김홍도는 초상화와 기록화, 산수화, 꽃과 새 그림, 신선도, 불화⋯⋯ 모든 분야의 그림에 뛰어났고, 당대에 견줄 화가가 없었어.

김홍도는 그림을 잘 그릴 뿐 아니라 거문고와 비파, 생황, 퉁소를 잘 연주하는 음악가이자 걸출한 서예가, 빼어난 시인이었어. 하지만 우리에게는 조선 시대 서민의 풍속도를 잘 그려 낸 풍속화가로 가장 유명해.

그림을 한 장 한 장 자세히 보면 어찌나 웃기고 재미있는지 절로 웃음이 나.

꾸벅꾸벅 서당에서 글을 읽으며 조는 아이와 훈장님, 모래 위에서 벌어진 씨름 한 판과 구경꾼들, 웃통을 벗어젖히고 바닥에 둘러 앉아 새참을 먹는 사람들, 버둥거리는 말의 발굽에 편자 박기, 엉거주춤 활 쏘는 법을 배우는 군졸, 지붕 위에 올라가 아슬아슬 기와를 얹는 사람들…… 조선 시대의 평범한 사람들이 일하고 놀고 살아가는 모습을 순간 포착해 즐거운 장면들로 그려 냈어. 배경은 과감히 생략하고 인물들의 동작과 익살맞은 표정으로만 그렸다니까.
〈고기잡이〉를 봐.
여기는 바다인데, 배경이라고는 바다 위에 둘러놓은 울타리가 전부야. 얕은 바다 위에 대나무로 울타리를 둘러놓고 그 안에는 그물을 쳐 놓았어. 이렇게 해 놓으면 밀물과 함께 들어왔다가 썰물 때 빠져나가지 못한 물고기가 갇혀. 하하, 물고기 함정이야!

**얕은 바닷가 물속에 울타리를 설치하고,
밀물과 썰물을 이용해 물고기를 잡는 방식을
'어살'이라고 해.**

그림을 봐.
지금은 썰물 때야.
물고기가 많이 갇혔을까? 울타리 안에 두 사람이 광주리를 들고 들어가 있어. 무슨 물고기일까? 물고기를 건져 올려 울타리 밖으로 건네.
물고기를 커다란 독에 실으려고 벌써 배들이 왔어!

많이 잡았을까?
어살을 향해
배들이 다가오고 있어!

울타리 가까이에 배를 대고 맨 앞의 사람이 일어서서 물고기를 받고
있어. 뒤에 앉은 사람은 곰방대를 빨고 있네. 이 배의 주인인가 봐.
맨 뒷사람은 배가 움직이지 않게 노를 단단히 잡고 있어. 앞에도
거룻배가 있는데 고기를 벌써 한가득 실었나 봐.
앗, 독 옆에 부뚜막이 있어. 거룻배에 부엌을 실어 왔잖아! 한 사람은
아궁이에 불을 지피고 있고, 또 한 사람은 언제 먹을 수 있으려나
솥을 바라보는 중이야. 맨 앞의 어부는 줄에 꿴 물고기를 들고
즐거워하고 있어.
맨 아래쪽 배는 벌써 고기를 다 잡고 뭍으로 돌아가는 길이야.
가는 길에 다른 어부들에게 인사를 건네는 것 같아.
'어이, 수고들 하게!'
하하, 조선 시대 어부들이 어떻게 물고기를 잡았는지 생생하게 알게
해 주는 그림이야.

어살은 삼국 시대, 고려 시대의 기록에도 등장하는 오래된 고기잡이 방식이야.

바닷물의 흐름과 물고기의 습성을 잘 알고 얕은 바닷가에 어구를
설치해 물고기를 잡았어.

물이 빠진 저수지에서 **가래**로 물고기를 잡아.

전통 어로 방식으로 물고기를 잡는 중이야.

흐르는 강물에서 **견지낚시**로 물고기를 잡아.

'가래 치기'는 가래로 물고기를 잡는 전통 어로 방식이야. 가래는 대나무를 삶아서 말린 다음 줄을 엮어 만든 절구 모양의 바구니야. 위는 좁고 아래는 넓게 뚫려 있어.

**가을에 수확이 끝나고
저수지 물이 줄어들면
가래를 덮어 가물치, 붕어, 잉어,
메기를 잡았어.**

흐르는 민물에서는 '견지낚시'를 했어.
낚싯줄에 미끼를 매고 납작한 대나무 외짝 얼레에 감아. 낚싯줄을 흐르는 물에 흘려보내며 누치, 끄리, 모래무지, 피라미를 잡아.
전통 어로 방식에는 '독살'도 있어. '독'은 돌을 뜻하고 '살'은 화살을 뜻해. 바닷가에 돌을 쌓아 물고기를 기다리는 방법이야. 밀물 때 들어왔다가 썰물 때 빠져나가지 못한 물고기를 잡아. 물이 얕은 서해 바닷가에 많이 있었어.

물고기 바구니를 든 소녀
르누아르, 1889년 경, 런던 국립 미술관

가까운 바다에 어떤 물고기가 살까?

하얀 블라우스와 붉은 치마를 입은 아가씨가 물고기가 가득 든
바구니를 옆구리에 끼고 걷고 있어.
하늘에는 노을이 지고, 저녁인 것 같아. 집으로 가는 길일까? 어쩌면
물고기를 팔러 시장으로 가는지도 몰라.
피에르 오귀스트 르누아르가 그린 〈물고기 바구니를 든 소녀〉라는
그림이야. 르누아르는 1800년대 후반에 피사로, 모네와 함께
인상주의 그림을 그린 화가인데 인물을 잘 그리기로 유명해. 꽃과
어린아이, 여인을 많이 그렸어. 르누아르의 부모님은 가난한
노동자였고, 르누아르도 13세에 도자기 공장에 들어가 도자기에 그림
그리는 일을 했어. 하지만 공장이 점점 기계화되어 르누아르는
일자리를 잃었어.

일자리를 잃은 덕분에 르누아르는 위대한 화가가 되었어! 20세라는 뒤늦은 나이에 들어간 화실에서 훗날 인상파 화가로 불리게 될 모네와 시슬레, 피사로를 만났거든.

르누아르는 성격이 밝고 낙천적이고 생기 넘치는 화가였음에 틀림없어. 전쟁에 참전하고 돌아와서도 밝고 생기 넘치는 그림을 그렸다고 해. 부유한 파리 사람들이 야외에서 소풍을 즐기는 모습과 상류층 가족의 어린아이와 여인들의 초상화를 많이 그렸어. 부드럽고 밝고 따뜻하고 즐거운 르누아르의 그림을 누구나 좋아해서 그림 주문이 쇄도했어.

르누아르는 그림을 빠르게 너무 많이 그렸어! 노년에는 류머티즘으로 고통을 겪었는데, 손가락 관절이 마비된 후에는 붓을 손에 묶어 그림을 그렸어.

르누아르는 꽃을 든 어린아이, 책을 읽거나 피아노 앞에 앉아 있는 소녀, 모자와 부채, 양산을 들고 있는 상류층 여인들을 많이 그렸는데 그래서인지 〈물고기 바구니를 든 소녀〉 그림이 궁금해져.

누가 주문했을까? 화가가 그냥 그리고 싶어서 그렸을까? 소녀는 누구일까? 끝없이 궁금해져. 하하, 하지만 상상을 멈춰야 해. 우리의 주인공은 물고기 바구니를 든 소녀가 아니라 바구니 속 물고기거든! 물고기가 한 바구니야. 무슨 물고기일까? 가족이나 어부가 방금 잡은 물고기를 바구니에 옮겨 담았나 봐. 맨발로 걷고 있는 걸 보니 물의 깊이가 그리 깊지 않은 따뜻하고 얕은 바닷가 같아.
우리나라에도 얕은 바다가 있어. 서해와 남해야. 서해가 제일 얕고 그
다음에 남해야.
서해는 하루에 두 번 밀물과 썰물이 드나들고 물의 깊이가
40~50미터쯤 돼. 깊은 곳도 100미터를 넘지 않아.
얕은 바다는 해변 가까이에서 갑자기 깊어지지 않고 바다 밑으로
멀리 천천히 비스듬히 내려가. 다양한 높이에 수많은 바다 생물이
살고 있어.
봄이 되어 바닷물의 온도가 올라가면 따뜻한 물에 사는 물고기가
서해로 올라와.

준치, 병어, 조기, 민어들이 와.
겨울에 물이 차가워지면
다시 남쪽으로 내려가.
철을 따라 오르락내리락 해.

준치는 얕은 바나 가운데쯤에서 무리지어 헤엄쳐 다녀. 새우와 작은
물고기를 잡아먹어. 5~6월에 모래나 펄이 깔린 강어귀로 올라가 알을
낳아.

병어는 마름모꼴처럼 생겼어.

밥상 위의 병어를 본 적 있어? 병어구이, 병어조림…… 병어는 여름에 시장에서 많이 볼 수 있는 물고기야. 온몸이 은빛처럼 반짝반짝 빛나. 플랑크톤, 새우, 갯지렁이, 해파리를 잡아먹어. 5~7월에 얕은 바닷가로 몰려와 알을 낳아.

조기는 얕은 바다에서 떼로 몰려다녀. 바닷말이나 새우, 작은 물고기를 먹어. 모래나 펄이 깔린 물 밑바닥에서 지내다가 알을 낳으러 수면 가까이로 올라와.

조기 떼가 물 위로 튀어 오르며
시끄럽게 울어대.
뿌욱-뿌욱-구우-구우
개구리 합창 같아!

조기들이 서로 부르는 소리야. 무리에서 흩어지지 않으려고 크게 소리를 내. 하하, 어찌나 시끄러운지 배를 타고 고기잡이를 나간 어부들이 잠을 못 잘 정도라는 거야.

민어도 특이한 울음소리를 내.

물고기가 소리를 낸다니, 어떻게 하는 걸까?

뼈가 단단한 물고기는 부레가 있어.

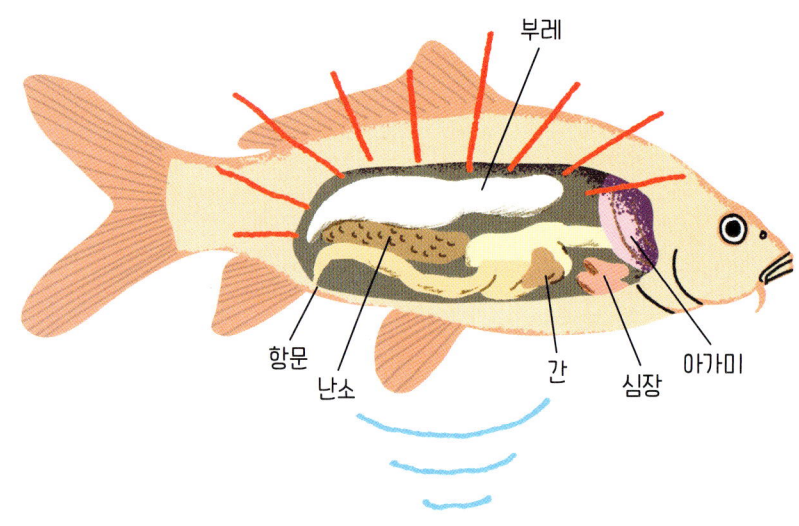

뼈가 물렁물렁한 물고기는 부레가 없어.

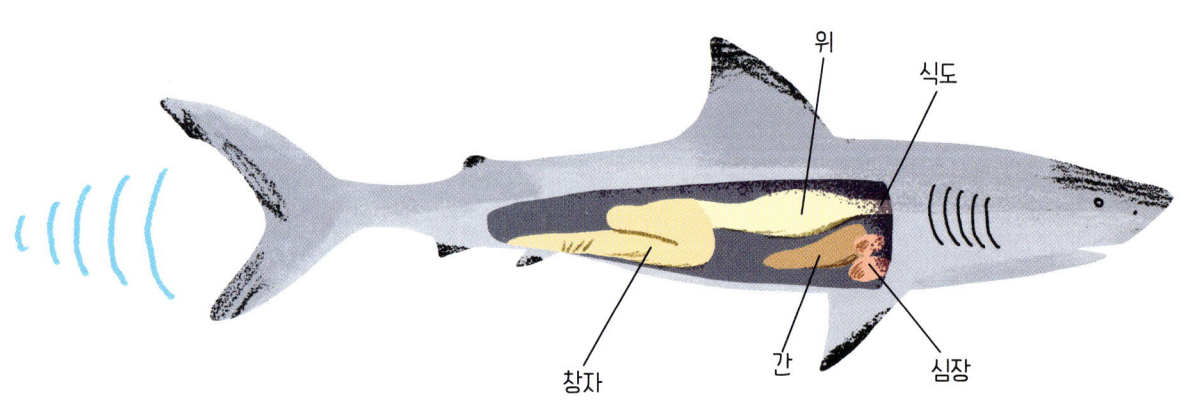

움쭉움쭉 부레를 움직여 소리를 내!
부레는 공기주머니야!
부레가 있는 물고기는 쉴 새 없이 지느러미를 움직여 헤엄치지
않아도 물에 떠 있을 수 있어. 혈관에 녹아 있는 공기를 부레로 보내서
풍선처럼 부풀리면 물에 떠. 공기를 빼면 가라앉아.

바다 밑바닥에 사는 넙치와 가자미는 부레가 없어.

넙치와 가자미는 알에서 갓 깨어나 수면에서 헤엄칠 때는 부레가
있지만, 다 자라 바다 밑바닥으로 내려가 살기 시작하면 부레가
없어져. 다 자라서 바다 밑바닥으로 내려가면 오르락내리락할 필요가
없고 부레도 없어져.
상어와 홍어, 가오리도 부레가 없어. 뼈가 물렁물렁한 물고기는
부레가 없어. 연골어류는 부레가 없는 대신 간에 지방질이 풍부해서
물에 뜨는 걸 도와줘. 하지만 물에 가라앉지 않으려면 계속 헤엄을
쳐야만 해. 잠을 잘 때도 헤엄을 쳐!

생선을 흥정하는 상인이 있는 어선
윌리엄 터너, 1837~1838년, 시카고 미술관

먼바다 물고기는 헤엄을 잘 쳐

폭풍이 휘몰아치는 바다에 배들이 떠 있어. 금방이라도 뒤집힐 것 같아.
무얼 하는 걸까?
그림의 제목은 〈생선을 흥정하는 상인이 있는 어선〉이야. 바다에서 생선을 사고팔기 위해 흥정을 하는데, 폭풍우가 몰아쳐. 왼쪽에 커다란 돛을 달고 어부들로 붐비는 큰 배가 먼바다에 나가 물고기를 잡아온 어선인가 봐. 물고기를 사려고 작은 배들이 다가오고 있어. 배에 탄 상인들이 팔을 치켜들고 큰 소리로 물고기 값을 흥정하고 있어.
멀리 지평선에 희뿌옇게 떠 있는 배는 현대식 증기선이야. 범선을 타고 먼바다로 나가 고기잡이를 하던 시대가 끝나 가고 첨단 증기선의 시대가 다가오고 있다는 뜻이 숨어 있어.

영국의 위대한 풍경화가 윌리엄 터너가 그림을 그릴 무렵, 증기 엔진을 단 기관차와 배들이 철도와 바다를 누비기 시작해. 윌리엄 터너는 빛의 화가로도 불려.

윌리엄 터너만큼 풍경 속에 자연의 빛을 잘 표현해 낸 화가는 없었어. 터너는 런던의 하층민 출신으로, 일찍이 당대의 모든 화가보다 뛰어난 화가가 되었어. 그리고 평생 열심히 일하는 화가였어. 터너가 일평생 그린 그림이 자그마치 유화 541점, 수채화 1,569점, 드로잉은 헤아릴 수 없고, 데생은 20,000점이 넘었어. 놀라운 것은 그렇게 많은 그림들을 대부분 야외에서 그렸다는 거야!

터너는 거친 자연의 풍광을 그리기 좋아했어. 황무지와 항구, 폭풍우 몰아치는 바다, 눈보라, 화산…….

터너는 언제나 조그만 물감 통을 몸에 지니고 다녔어. 알프스에서 마차가 뒤집혀 승객들과 함께 눈과 어둠 속에 고립되었을 때에도 가방 속에 물감 통이 들어 있었어. 터너는 손이 얼어붙는데도 눈보라 치는 알프스를 수채화로 그렸어.

67세에 〈눈보라: 항구를 나서는 증기선〉을 그릴 때에는 자기를 에어리얼호의 커다란 돛대에 묶게 하고, 강풍 속에 매달렸다는 거야! 한번은 터너와 친구들이 작은 배로 거친 바다에 나간 적이 있었는데, 모두가 뱃멀미에 시달리고 있을 때에도 터너는 배 끄트머리에 걸터앉아 바다를 응시하며 스케치에 골몰했어.

〈생선을 흥정하는 상인이 있는 어선〉을 그릴 때에도 그런 게 틀림없어. 폭풍 속 솟구치는 파도 끝에 앉아 그린 것만 같아! 폭풍 속 커다란 배는 그렇게 터너의 그림 속에서 영원히 돛을 펄럭이게 되었어.

돛을 펄럭이며 파도에 휩쓸리고 있는 배에는 어떤 물고기들이 실려 있을까? 저렇게 커다란 돛을 달고 폭풍에 시달릴 수 있는 배라면 먼바다에서 돌아온 게 틀림없어.

먼바다에서 잡아온 고기가 한가득이겠지?

먼바다에는 어떤 물고기들이 살고 있을까?

육지에서 멀리 떨어진 바다는 사방이 온통 바다뿐이야. 드넓은 바다에서 물고기들이 아무 방향으로나 헤엄칠 것 같지만 그렇지 않아.

바다에도 길이 있어. 바람과 온도, 염분의 농도를 따라 바닷물이 흘러다녀. 해류는 바다의 고속도로야. 먼바다에 사는 물고기들은 해류를 따라 떼로 몰려다녀. 덩치 큰 물고기가 작은 물고기 떼를 쫓아.

참다랑어는 전 세계의 열대와 온대 바다를 돌아다니는데, 봄에
차가운 북쪽 바다로 올라갔다가 가을에 따뜻한 남쪽 바다로 내려와.
튼튼한 근육으로 한 번도 쉬지 않고 수면 가까이에서 헤엄치면서
청어 떼를 쫓아다녀. 멸치, 꽁치, 새우 그리고 오징어를 먹어.
청새치는 온대와 열대 바다에 살고 혼자 다녀.
청새치를 봐!
상어처럼 뾰족한 등지느러미가 물 밖으로 보여.
청새치는 전갱이, 고등어, 날치, 꽁치 같은 작은 물고기를 잡아먹는데
기다란 주둥이를 휘둘러 먹이를 기절시켜!

청새치가 쫓아오면 날치는 잽싸게 뛰어올라.

날치의 가슴지느러미는 거의 날개 같아.
물 위로 펄쩍 뛰어올라 수십 미터를 미끄러져.

날치는 꼬리로 세차게 물을 차면서 뛰어올라. 가슴지느러미를 쫙
펴고 100미터, 200미터를 미끄러지기도 해! 잘 날아서 이름도
날치라니까.
날치는 먼바다에서 살다가 알을 낳으러 가까운 바다로 와.

고래상어는 따뜻한 물을 따라 먼바다를 돌아다녀. 2년 동안 지구 반 바퀴를 돌아! 물고기 중에 몸집이 가장 커. 다 자라면 길이가 20미터가 넘고, 몸무게도 30,000킬로그램을 넘어.

덩치가 커서 고래상어라 불리지만 고래상어는 아가미로 숨을 쉬는 바닷물고기야.

덩치가 커도 성질이 온순해. 잠수부가 다가가 쓰다듬어도 본체만체하고 그냥 가 버려.

고래상어가 입을 벌리면 거대한 동굴 같아! 커다란 입을 떡 벌리고 플랑크톤이나 오징어, 물고기를 빨아들여 걸러 먹어. 커다란 입으로 참다랑어를 빨아들이는 장면이 카메라에 찍히기도 했어.

고래상어의 신비는 아직 다 밝혀지지 않았어. 알을 낳는 물고기인 줄 알았는데 고래상어의 배 속에서 새끼 고래상어가 300마리나 발견되었어. 한 번에 나오지 않고 차례차례 새끼가 나오는데, 크기가 어른 팔뚝만 해.

고래상어가 어떻게 살아가는지 아직 그 비밀이 다 밝혀지지 않았는데 2016년에 벌써 멸종위기종이 되었어.

양갈래형

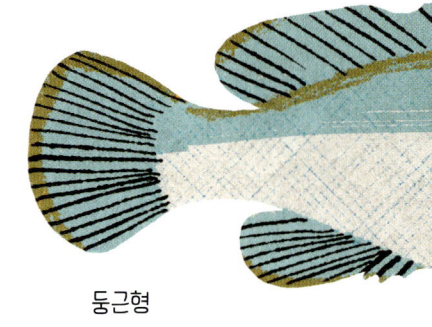
둥근형

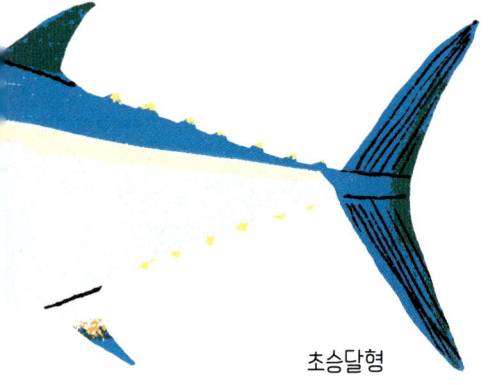
초승달형

헤엄치는 속도에 따라 꼬리 모양이 달라!

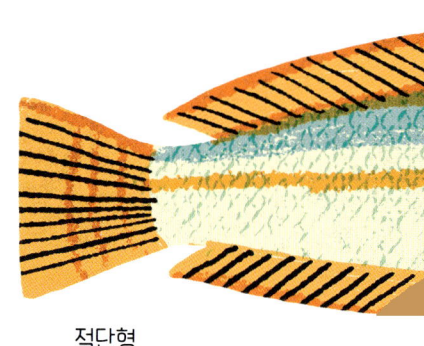
절단형

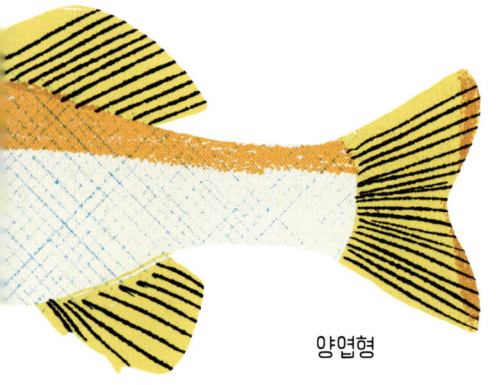
양엽형

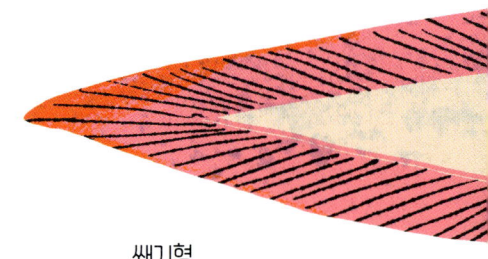
쐐기형

물고기의 꼬리지느러미 모양을 보면 그 물고기가 어디에서 어떻게 살아가는지 짐작할 수 있어.

먼바다에서 빠르게 헤엄치는 물고기는 꼬리지느러미가 날렵해. 초승달 모양이거나 가위처럼 갈라져 있어!

꼬리지느러미가 갈라지지 않고 곧으면 얕은 곳에서 헤엄치는 물고기야. 납작하고 넓은 꼬리지느러미는 산호초 사이로 민첩하게 요리조리 헤엄치기 좋지만 마찰력이 커.
바다 밑바닥에서 살아가거나 어슬렁어슬렁 헤엄치는 물고기는 꼬리지느러미가 둥그스름해!

물고기를 잡으러 가는 여인들
존 싱어 사전트, 1878년, 코코란 미술관(워싱턴 D.C.)

망둑어는
헤엄을 못 쳐

질퍽질퍽, 바다에 물이 빠져나갔어. 썰물이야!
마을 사람들이 바구니를 끼고 갯벌을 향해 내려오고 있어. 그 속엔
호미도 담겨 있을걸. 갯벌에서 조개를 캐거나 굴을 딸 거야. 물고기도
잡을지 몰라.
이 그림의 제목은 〈물고기를 잡으러 가는 여인들〉인데, 〈캉칼의 굴
따는 사람들〉이라고도 불려. 캉칼은 굴이 많이 나는 곳으로도 유명해.
존 싱어 사전트라는 화가가 프랑스 북쪽 해안의 조용한 어촌 마을,
캉칼 해변의 한 장면을 그린 거야.
가난한 어촌 마을 사람들이 매일 바닷물이 빠지는 시간에 갯벌로
나와 물고기를 잡고 굴을 따며 살아. 고개 숙인 어른들의 발걸음이
무거워 보이는데 아이들은 즐겁기만 해.

20세에 이 그림을 그린 사전트는 훗날 뛰어난 초상화가로 이름을 날려. 유명한 초상화가가 되어 부유한 사람들과 영국의 귀족, 미국의 대통령, 석유 재벌 록펠러와 같은 백만장자들의 초상화를 그리게 돼. 사전트는 상류층 사람들의 초상화를 많이 그렸지만, 가난하고 무시당하는 사람들을 그릴 때에도 그들을 고용한 사람들만큼이나 중요한 인물로 보이도록 그렸어.

〈물고기를 잡으러 가는 여인들〉에서도 그런 화가의 마음을 볼 수 있어. 오래오래 그림을 들여다봐. 그러면 보여!

물이 빠지는 이른 아침이거나 이른 저녁쯤인 것 같아. 바다가 삶의 터전인 가난한 어부들이 갯벌을 향해 줄지어 오고 있어. 앞쪽에 여인들과 어린아이들이 벌써 펄에 들어섰고, 멀리 뒤쪽에도 희뿌옇게 남자들이 내려오고 있어.

얼굴이 잘 보이지 않는데도 여자와 남자, 아이와 어른들의 실루엣만으로 매일 반복되는 평범한 사람들의 일상의 고단함과 기쁨, 왠지 모를 슬픔마저 함께 느껴지게 해.

바구니를 든 여인들이 질퍽질퍽한 갯벌에 고인 웅덩이를 내려다보며 걷고 있어. 조그만 남자아이는 옷이 젖을까 봐 바지를 부여잡고 있어. 갯벌에 가 보았어?

우리나라 서해안에도 사전트의 그림 속 같은 너른 갯벌이 펼쳐져 있어. 하루에 두 번 바닷물이 들어왔다 빠지면 질퍽질퍽한 땅이 드러나. 수만 년 동안 강에서 흘러 내려온 모래와 흙이 바다에 쌓이고 쌓여 갯벌이 돼.

**갯벌은 그냥 질퍽질퍽
거무튀튀한 땅이 아니야.
갯벌은 살아 숨 쉬는 땅이야.
오염된 강물이 갯벌을 지나며
깨끗한 물이 되어 바다로 가!**

펄 속에 사는 미생물이 오염 물질을 분해하고 있어. 갯지렁이도!
갯지렁이는 펄에 굴을 파고 살면서 갯벌에 쉴 새 없이 구멍을 내.
갯벌에 신선한 공기가 드나들어. 게와 조개도 펄에 구멍을 내고 흙을
뒤집어 갯벌에 산소를 공급해 줘.
생물이 살아 숨 쉬는 갯벌은 결코 썩는 법이 없어.
갯벌에서 통통 튀어 다니는 물고기를 보았어?
하하, 바로 바로 말뚝망둑어야.
말뚝망둑어는 물고기인데도 헤엄을 잘 못 쳐!
헤엄이 서투른데 밀물에 잠기면 큰일이야!

철썩철썩~.

바닷물이 밀려오면 말뚝망둑어는 구멍 속으로 숨어. 바위나 말뚝이 있으면 물에 잠기지 않으려고 올라가 앉아. 말뚝에 잘 올라앉아 있다고 이름이 말뚝망둑어야.

머리가 크고 납작한데 몸통은 원통형이야. 다른 물고기들처럼 헤엄칠 때 균형을 잡아 줄 배지느러미가 양쪽에 하나씩 있지 않고 빨판으로 변해 한데 붙어 있어. 물속에서 빠르게 헤엄치기보다 돌과 돌에 붙어 옮겨 다니거나 바닥에 잘 붙어 있게 생겼어.

말뚝망둑어는 헤엄이 서투른 대신 물 밖에서도 숨을 쉬어!

다른 물고기들은 아가미로 물에 녹아 있는 산소를 들이마시지만, 말뚝망둑어는 입안에 실핏줄이 발달해 있어서 공기 중에서 직접 산소를 빨아들여. 물 밖에서도 오래 견딜 수 있고 물속보다 공기 중에서 숨 쉬기 편해.

갯벌에는 짱뚱어도 있어. 10월에서 이듬해까지 펄에 구멍을 파고 겨울잠을 자. 겨울잠을 오래 잔다고 잠퉁이라 불려.

짱뚱어는 가슴지느러미를 다리처럼 쓰며 기어 다녀. 펄쩍펄쩍 뛰어오르기도 잘해. 입안에 물을 머금고 산소를 흡수해.

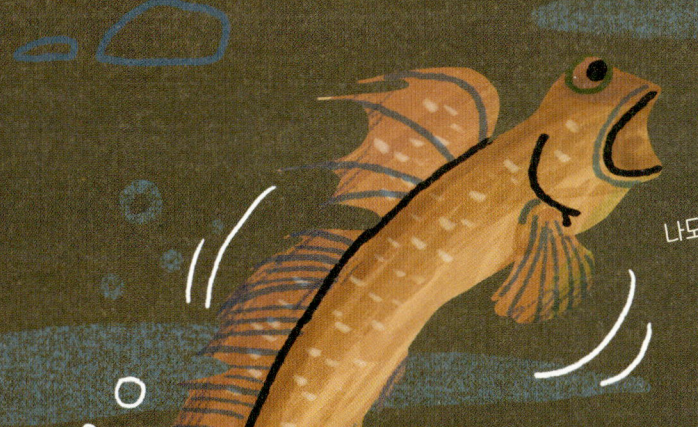

안녕, 나는 **말뚝망둑어**야!
가슴지느러미로 기어 다니다 위협을 느끼면
꼬리지느러미로 튀어!

나는 **짱뚱어**야!
나도 위험할 때는 꼬리지느러미로
통통 튀어.

말뚝망둑어와 짱뚱어는 머리 위쪽에 불룩 튀어나온 눈이 있어. 밀물 때에도 물 밖으로 머리를 내밀고 있어. 새들이 호시탐탐 노려도 적을 발견하고 재빨리 피해. 펄에서 맨손으로 망둑어를 잡아 보았어? 사람이 다가가면 멀리서부터 알아차리고 숨어 버려.

망둑어는 지구에 2,000종류나 있어. 물고기 중에 종류가 가장 많아!

이상한 일이야. 헤엄을 잘 못 치는데 물고기 중에서 종류가 가장 많다니! 망둑어는 수백 미터 깊은 바닷속에도 살고 얕은 바다와 개펄, 강어귀, 호수, 동굴과 지하의 물속, 심지어 물 밖에서 사는 망둑어도 있어.

어쩌면 망둑어와 비슷한 물고기 중 하나가 먼먼 훗날 물을 떠나 영영 육지에서 살게 된 것인지도 몰라.

오래전 옛날, 발 달린 물고기가 육지로 올라왔던 것처럼!

찾아보기

가시납지리	124, 125
가오리	5, 133, 135, 159
갯벌	4, 171~174
경골어류	30, 44, 133
고등어	28, 30, 129, 130, 165
고래상어	166, 167
기수역	113
꼬리	30, 49, 81, 135, 165, 168
날치	164, 165
동사리	105, 108, 109
누치	124, 125, 151
등뼈	5, 30, 32, 33
먹장어	44, 46, 47, 49
메기	105, 108, 109, 151
멸종위기(종)	121, 166
멸치	129, 130, 141, 165
모래무지	124, 151
모래주머니	99
무악어류	46, 48
(무)척추동물	5, 27, 32, 143
미끼	151
민물고기	5, 20, 35, 37~41, 69, 72, 90, 91, 93, 107, 113, 122, 123
바닷물	41, 111~113, 149, 155, 163 171, 172, 174
바닷물고기	35, 37, 40, 41, 113, 166
방어	129, 130, 139
뱀장어	5, 15, 44, 45, 113
번식(력)	22, 24, 25, 56, 81
병어	155~157
부레	135, 157~159
부화	22, 49, 91
블루길	93, 106, 107
비늘	73, 88, 92, 156
산란기	63, 98, 115
산소	101, 105, 124, 131, 132, 173, 174
상류	51, 93, 115, 117, 119, 120
서식지	93, 121
송사리	105~107
송어	114, 115

수심　15, 128, 130, 135

아가미　41, 88, 107, 125, 131~133, 141, 158, 166, 174

알　15, 22, 28, 49, 51, 63, 64, 75, 90, 91, 96, 98, 105, 113, 115, 117, 130, 155, 157, 159, 165, 166

어류　5, 10, 33, 44, 46, 98, 113

연골어류　44, 133, 159

연어　5, 113~117, 139

외래종　25, 93

장어　43, 44

정어리　130

조기　155~157

준치　155, 156

중력　12, 14, 15

지느러미　12, 30, 47, 81, 88, 115, 125, 159

짱뚱어　174, 175, 177

참다랑어　28, 30, 143, 164~166

참붕어　105~107

천연기념물　93, 121

청새치　164, 165

치어　22, 75, 98, 115, 143

큰입배스　93, 106, 107

토종 물고기　25, 85, 107

플랑크톤　49, 98, 105, 122, 128, 130, 157, 166

하류　96, 119, 120, 124

해류　64, 163

홍어　133, 135, 159

황어　114, 115

참고 도서

최기철 지음, 《민물고기》, 대원사, 1992

도쿄대학교 해양연구소 엮음, 《해양 생물의 신비 100》, 이치, 2005

최기철 지음, 《우리 민물고기 백 가지》, 현암사, 2006

Purves·Sadava·Orians·Heller 지음, 이광웅 외 옮김, 《생명, 생물의 과학》, 교보문고, 2006

보리 편집부 지음, 이원우 그림, 《세밀화로 그린 보리 어린이 갯벌 도감》, 보리, 2007

최윤 지음, 《망둑어》, 지성사, 2011

김익수 지음, 《그 강에는 물고기가 산다》, 다른세상, 2012

명정구 지음, 조광현 그림, 《바닷물고기 도감》, 보리, 2013

황선도 지음, 《멸치 머리엔 블랙박스가 있다》, 부키, 2013

박소정 그림, 《민물고기 도감》, 보리, 2014

조너선 밸컴 지음, 양병찬 옮김, 《물고기는 알고 있다》, 에이도스, 2017

김기태 지음, 《세계의 바다와 해양생물》, 채륜, 2018

브라이언 페이건 지음, 정미나 옮김, 《피싱》, 을유문화사, 2018

데이비드 애튼버러 지음, 홍주연 옮김, 《생명의 위대한 역사》, 까치, 2019

오치 도시유키 지음, 서수지 옮김, 《세계사를 바꾼 37가지 물고기 이야기》, 사람과나무사이, 2020

정약전 지음, 권경순·김광년 옮김, 《자산어보》, 더 스토리, 2021

DK편집위원회 지음, 황연아 옮김, 《동물》, 사이언스북스, 2021